早稲田社会学ブックレット

［社会学のポテンシャル 3］

対人コミュニケーションの社会学

長田 攻一

学 文 社

はじめに

日常的にも広く用いられる「コミュニケーション」という言葉は、人間ばかりでなく動物や昆虫などの世界にも用いられる。communicateという用語の語源的意味にさかのぼるならば、金属に温度が伝わっていく過程もコミュニケーションであるし、さらには遺伝子情報の伝達過程をコミュニケーションとよぶことすらある。「コミュニケーション」という言葉の意味はそれほど幅広く、漠然としている。

たしかに、通信理論などでは正確な情報伝達を理念とするようなコミュニケーション概念がある。そこでは、正確な伝達を阻害するノイズをいかに低減するかが問題とされたのである。また、相互に共通の了解が得られることや、理解が深まることをもって「コミュニケーション」が達成されるというイメージが一般にある。しかし、正確な情報の伝達というのは、現実のコミュニケーション過程のごく一部にみられる現象であり、実際にはノイズや相手の解釈によって内容が変化していくことが通常のコミュニケーションの姿である。たとえば「しばらく口を利かない」というのも、よく経験する重要なコミュニケーションの一形態である。われわれの日常生活におけるコミュニケーションは、上述のような理念的定義に収まりきるものではない。それは情報の伝達のみならず、表現、表出、説得、解読、解釈、一体化、理解、対立、沈黙、共感、同情、哀れみ、軽蔑、からかい、揶揄、非難、批判、無視、詐欺、共謀、再解釈、話題提供、創造などさまざまな過程を含みうる。

このような人間の相互行為の微妙な襞に分け入っていくための方法は、けっして単一のものではない。本書では、社会学の立場に依拠しながら、とくに対人コミュニケーションの問題を扱う。しかしそれは必ずしも社会学が、対人コミュニケーション研究にもっともふさわしいことを主張するものではなく、むしろ「コミュニケーション現象」について社会学でしか扱えないと思われる諸側面はどのようなものであり、それはどのような意義を有するのかを読者諸氏に判断していただくことを狙いとしている。

二〇〇八年一月

著　者

目次

第一章

社会学におけるコミュニケーション

一　コミュニケーションと社会的現実

(1)　問題領域としてのコミュニケーションと社会学

コミュニケーション過程が何であるかを学問的に定義することは、きわめてむずかしい。日常生活においてもコミュニケーションという言葉は、それが何であるかが議論される場合よりも、そこにどのような問題が生じているかが議論される場合に用いられることが多い。学問世界でも、コミュニケーションという用語は、厳密に定義されて用いられるよりは、問題が生じる領域として意識されることが多い。現実にはノイズにあふれたコミュニケーションの現実の姿をとらえることが、コミュニケーション研究の課題であり、「コミュニケーション」とよばれる現象にどのような問題を見出そうとするかによって、自然科学、人文科学、社会科学にまたがるさまざまなコミュニケーション研究が行われてきたといってもよいであろう。

社会学においても、「コミュニケーション」という用語にはきわめて広範なものが含まれる。人間相互の理解や共感のような「心性」を問題にする対人コミュニケーションに関する議論、組織内の効率的コミュニケーションに関する議論、印刷技術・伝達技術の発達にともなうコミュニケーション形態の変容に注目する議論があり、そのなかでもマスメディアの登場によって活発化したマスコミュニケーション論、また、現代においてはインターネットやケータイなどのメディア・テクノロジーとのかかわりのなかで問題視されるコミュニケーションの変容がある。その他、文化の違いに注目した異文化コミュニケーション、政治宣伝や広告における説得コミュニケーションなど、広範囲の社会現象が含まれるとともに、現在ではそれらをグローバリゼーションというマクロな政治・経済・社会・文化にまたがる過程を背景にみていく必要がある。その研究領域の設定には、それぞれの研究者がそれらの現象のなかにどのような問題を見出そうとするかによって、アプローチの方法も大きくかわってくる。

ここでは、とくに対人コミュニケーションの問題を中心に扱う。それは、われわれが日常的に人と人の関係を構成、再構成しつつ行われるもっとも身近なコミュニケーション領域であり、さまざまな問題を直接経験する領域でもある。つまりそれは、マクロなコミュニケーション状況とは異なり、とくに人と人との信頼にかかわる問題、自己と他者のアイデンティティにかかわる問題に密接にかかわり、現代社会の権力関係、メディア・テクノロジー、グローバリゼーションの影響を直接受ける領域でもある。

(2) 対人コミュニケーションの社会学的諸層と社会的現実構成

対人コミュニケーションは、通常、言葉を用いて行われる。したがって言葉が少なくなるとコミュニケーションが欠けているといったり、ディスコミュニケーションという言葉が使われることがある。他方、われわれは、「以心伝心」や「阿吽（あうん）の呼吸」などといった、言葉によらないコミュニケーションがあることも知っている。またわれわれは、表情や見た目の印象、あるいは髪型や服装の変化によって相手の気持ちを察することも多い。これらはノンバーバル・コミュニケーションという研究領域をなしている。もちろん言葉を交わすことの重要性は、いくら強調してもしすぎることはないとしても、言葉を用いるコミュニケーションはノンバーバル・コミュニケーションとの関係抜きには語れない。

人びとが言葉を交わそうとする今の状況がどのような状況であるのか、相手と自

自然的態度
われわれは行動するさいに、まわりの環境や他者のとる行動をある程度まで自明視している。そのような態度のこと

分の関係をどのように認識し、また回りの事物世界をどのように意味づけたらよいのか、といったことを判断することなしには、相手に言葉をかけることすらできないであろう。つまり、社会学では、コミュニケーションを問題にする場合、「状況の定義づけ」、つまり「ここで起っていることは何か」を当事者が了解する過程に着目する。本書では、このレベルの過程を社会的コミュニケーションにおけるもっとも重要な過程であると考え、そこに照準を合わせる。それは、対人コミュニケーションをめぐる多くの問題が、このレベルに集中していると思われるからである。

さらに、対人コミュニケーションが、自己と他者の存在の意味、事物世界の存在の意味についての疑念（実存的不安）を括弧に入れることによって得られる「存在論的安心」とそれを可能にする「基本的信頼」に基づいて行われるとする見解を受け入れるとすれば、対人コミュニケーションがそのような信頼を維持する非意識的な実践に支えられていることを無視することはできない。通常、対人コミュニケーション研究においては、そのような非意識的実践は暗黙の前提とされることも多いが、社会学では、エスノメソドロジー研究以来、自己、他者、事物世界の存在への疑念を括弧に入れそれらを自明のものとする「自然的態度」を可能にしているのが非意識的な実践であり、その実践そのものも、じつはすでにコミュニケーションの一部をなしていると考える。問題としてのコミュニケーションは、このレベルにお

いても観察できるからである。

以上、社会学における対人コミュニケーションの諸層をこのようにみていくとき、われわれは「社会的現実構成」としてのコミュニケーションというとらえ方に行き着かざるを得ないように思われる。つまり、ここで問題にする「社会学における対人コミュニケーション」は、身体をもつ人間同士が、社会的現実を構成、再構成しつつその場面にふさわしい当事者となることにより、いわゆる「狭義のコミュニケーション」を可能にする過程であるといえよう。

ところで、社会的現実構成のすべてがコミュニケーションであるわけではない。そこで、コミュニケーション研究において用いられる固有な概念が、社会的現実構成の各層にかかわる社会学の概念とどのように関連するのかを理解する必要がある。そこで本章の最後に、現代社会における社会的現実構成としてのコミュニケーション過程をとらえていく上で重要であると思われるいくつかの概念について簡単に説明しておこう。

二　社会的コミュニケーションをとらえる上での重要概念

(1)　メディアと関係構成

日常生活において「メディア」とは、通常、新聞、テレビ、ラジオなどのマスメディアを指す場合が多い。最近では、インターネットや携帯電話もマスメディアとは性格を異にする現代の重要なメディアとして論じられるようになっている。対人コミュニケーションのメディアとして、インターネットや携帯電話が重要な機能を果たしはじめていることも事実である。だとしても、それが人と人を結びつける「過程」である点に注目するならば、それは「媒介過程」すなわち「メディア過程」(mediation) と言い換えることもできる。コミュニケーションはつねに「メディア」に依存している。「メディア」は、一般にメッセージの「乗り物」とされるが、「乗り物」はそれ自体が、人と人を分節化（たとえば「送り手」と「受け手」）しつつ、結びつける機能を果たすメッセージでもある。「メッセージ」と「乗り物」の関係はつねに相対的なものであり、同じものがメッセージにも乗り物にもなりうる。対面的状況における対人コミュニケーションの場合、直接相手を視野に入れることのできる人と人の間の空間は、表情、身ぶりなどの身体的情報や声、相手の気配が伝えられる「乗り物」となり、空間のとり方そのものが人と人との関係を表わすメッセージともなる。

さしあたり「コミュニケーション」における「メディア過程」の機能に関して重要な側面は何であるかを考えると、それは一言でいえば「関係構成」であるといえるかもしれない。それはインフォーマルであれフォーマルであれ、情緒的であれ理性的であれ、一時的であれ持続的であれ、意識的であれ無意識的であれ、そこに何らかの関係が構成されるかぎり、それがコミュニケーションによって達成されたということはできよう。その関係は、社会秩序の維持・強化に作用する場合もあれば、反対にそれに違背したりそれを阻害する場合も含まれる。また、一方が他方を陥れたり騙したりする場合すらある。それは騙される側が騙されていることに気づいて関係が崩壊する場合には、コミュニケーションは成立しないといえようが、騙される側にそれが騙しであるとか詐欺であるという認識がなければ、それがコミュニケーションではないということはできないであろう。ここに、「問題としてのコミュニケーション」の一面がある。

(2)　変換、コード、コンテクスト

メディア過程は必ず当事者としての人間経験に何らかの「変換」(transformation)

をともなう。たとえば、出来事を「ことば」というメディアで伝える場合、「ことば」は誰が誰に向けたものであるかを示すメッセージを含んでおり、それに応じてその出来事の意味も規定される。コミュニケーションが開始されるとき、周りの環境、自分と他者の関係の定義づけがなされ、われわれは、その社会的場面にふさわしい存在にならなければならない。また、コミュニケーションにおいてやりとりされるメッセージの意味解釈は、場面のコンテクストに応じて、自分の発する言葉に微妙なニュアンスを付加したり、相手の発するメッセージの意味を字義通りに理解するだけでなく、その背後に隠された意味を探るような過程をも含む。また、われわれは、会話のなかで人から聞いた話を伝えるような場合に他人の口調を真似ることもあれば、自分の経験したことを話す際に過去の自分やそのときに居合わせた人の振る舞いを再演することがある。われわれが、場面のコンテクストの変更に応じて自らを変換すると、そこで再演されるメッセージの意味も最初のメッセージを相対化するものへと変換されるのである。

したがって、そこでは、「コード」と「コンテクスト」が重要な働きをする。その場合、コードは、言語コードにおける辞書と文法ばかりでなく、やり取りされる相手の表情や身ぶり、しぐさの意味、服装の意味、視線の変化の意味などを解釈するためのルールをも含むものとして理解されねばならない。また、コンテクストは、

神話作用
あるものがもともと無関係なものとあたかも初めから自然の関係があるかのように結びついてしまう記号的作用。たとえば、バラとカルメンの関係、広告における製品と女優のイメージなど

イデオロギー作用
さまざまな神話的記号が一貫した論理的な観念体系へと整序され、そこに真実性を感じさせるような記号の作用。たとえばジェンダー観、人種や民族に関する観念など

環境を構成する諸事物や指示対象の分類体系（その場面でのモノやコトの意味、当事者の社会的カテゴリー）を規定するものであり、同じ人やモノであっても場面ごとに採用されるべきコード体系のコンテクストがかわり、その意味は変化する。

(3)　メッセージの意味作用とメタコミュニケーション

コミュニケーションの媒介過程において次に重要な側面は、メッセージの「意味作用」である。「意味作用」(signification) とは、言語体系による世界の「分節化作用」(articulation) である。つまりわれわれは言語を用いて周りの環境や自分自身、あるいは抽象的レベルのものごとをその場その場で意味づけ、それらを相互に関連づけている。そのような分節化は、すでに共有されている知識としての出来事カテゴリーの現実の現象への適用、その出来事を可能にする環境的事物の分類と意味づけ、その出来事を担う具体的な人びとへの社会構造上の地位と役割の適用などについて行われる。言語体系のそのような分節化作用としての意味作用は、神話作用あるいはイデオロギー作用とよばれることもある。そして、出来事、人、モノを一定の関連性のもとに秩序づけ整序するような、それらの過程を貫く言語体系の作用を一言で表現しようとすれば「権力」ということができよう。

ここで媒介過程における意味作用という場合、メディアのメッセージによる意味

メタコミュニケーション
コミュニケーションの焦点が定められるさいのコンテクストを指示するコミュニケーション

作用と、メディア上でやり取りされるメッセージの意味作用の二つの側面を含む。媒介作用のこの二つの側面は、「メタコミュニケーション」と「コミュニケーション」の関係に対応する。メタコミュニケーションとは、当のコミュニケーションが何についてのコミュニケーションであるかを定義するコミュニケーションである。その意味で、メタコミュニケーションはつねにコミュニケーションにともなう対概念であり、意味作用にとって必要不可欠な要素である。人と人が対面状況で話をする具体的な場面を想定すると、それは基本的には、当事者および当事者を含む社会的場面の定義づけにかかわるコミュニケーションを指すが、その話の途中で用いられる用語の意味について議論が展開される場合はその用語の解釈をめぐるコンテクストを定めるコミュニケーションがメタコミュニケーションとなる。コミュニケーションの照準は、場面、当事者、話題に上る人やモノ、コト、言葉などあらゆるものに合わせられるがゆえに、メタコミュニケーションはそれに応じて多様に変化する。

(4) コミュニケーションと信頼

個人主義の徹底した近代社会のコミュニケーションによる関係構成の重要な側面の一つは、「信頼」であるといえよう。そこでの相互行為は、自己、他者、事物世

実存的不安
自己と他者の存在や事物世界の存在の意味についての解答不可能な疑問によって生じる不安

存在論的安心
存在の意味についての疑問を括弧に入れ自明視することによって得る安心

界の存在への「実存的不安」を克服して、「存在論的安心」を保証する「基本的信頼」をベースとして行われる媒介過程である。近代以降の社会においては、コミュニケーションを可能にする「信頼」は、通常は、制度的手続きの合理性や正当性についての知識、環境を構成する事物の連続性、人の身体的特徴や性格の連続性、ある振る舞いに対する別の振る舞いの相互補完的関係の自明性などによって保障されている。しかし、信頼は、それらを成立させ維持するための条件が意識化されると、それらを操作する可能性が高まるがゆえに、基本的に脆弱なものとなる。したがって信頼はつねに失われる可能性をもっており、信頼を偽装する関係構成も当然ながら生じうる。そのような関係構成をもコミュニケーションとしてとらえるならば、コミュニケーション研究は、相互の信頼が築かれていく媒介過程、信頼のある関係が弱体化したり崩壊する過程、あるいは一方が相手に対する信頼に基づいて行為しながらも他方が相手に知られずにその信頼を裏切るような媒介過程などをもその視野に含めることを必然的な課題とするのである。

信頼関係は当事者間で構成されるものであるがゆえに、それを偽装することも可能になる。ゴフマン（Goffman, E.）は好んでそのような偽装の例を取り上げるが、それは現代人がいかにお互いに疑心暗鬼になっているかを示すことが目的なのではなく、そのような社会的場面、そのなかでの当事者関係（自己と他者の関係）が、いかにその場で具体的な人びとによって構成され再構成されているかを衆目のもとに示すためであった。

第二章および第三章では、以上の諸概念を社会的現実構成という社会学的コンテクストのなかに、どのように位置づけることができるのかについて、さらに詳しくみていくことにしよう。

第二章

コミュニケーション概念の拡張

一 読み取るコミュニケーションと伝えるコミュニケーション

(1) コードとコンテクスト

社会的現実構成の過程に注目するわれわれの立場からすれば、発信者、受信者、メディア、メッセージの他に、メッセージを組み立てる規則としてのコード、また同じ言葉が使われていてもその意味が変化しうることを考慮に入れるためにはコンテクストという構成要素が重要となる。言語学者ヤコブソン（Jakobson, R.）のコミュニケーション・モデルは、これら六つの要素を組み込んだことで知られる（図1）。

ヤコブソンは、コミュニケーションにおける言語の機能を明らかにすることを目的として、コミュニケーションを成り立たせる基本的要素として、発信者、受信者、

コンテクスト
指示対象（referent)を分類し解釈する枠組み

接触
物理的チャンネル、心理的結合（メディアと言い換えてもよい）

コード
メッセージの記号化、復号化のために、記号と記号、記号と意味の結びつきについて、発信者、受信者に全面的ないし部分的に共有されているルール（言語で言えば辞書や文法にあたる）

図１　ヤコブソンのモデル

コンテクスト
メッセージ
発信者 ―――――――――――― 受信者
接触
コード

コンテクスト、メッセージ、接触(contact)、コード(code)の六つを挙げ、次のようなモデルを提唱している（ヤコブソン　一九七三　一八三～一九四）。

ある発話行為の機能は、これら六つの要素に規定される相異なる言語機能が何らかのヒエラルキーをなして現れることによって特徴づけられるとし、それぞれの要素にかかわる言語機能を次のように説明した。

第一の機能は、コンテクストにかかわる機能で「指示的(referential）機能」とよばれる。言語メッセージが何（指示対象）についてのものであるかを示す機能（コンテクストは指示対象のさまざまな可能な意味のなかから当面の意味を定める）。第二の機能は、発信者に照準するもので「情動的（emotive）機能」とよばれる。言語メッセージは、対象や内容に対する発信者の態度や感情を表現し印象づける働きをもつことがある。第三の機能は、受信者に影響を与えるべく働きかけるもので「働きかけ（conative）機能」とよばれる。発信者の言語メッセージは受信者に対する命令や説得を行う機能を果たす場合がある。第四の機能は、接触を確保したり維持したり停止させる機能で「よびかけ（phatic）機能」とよばれる。発信者の発する言語メッセージは、コミュニケーションが維持されていることを確認するという機能に焦点を合わせて用いられることがある（たとえば、電話の「もしもし」）。第五の機能は、発話の焦点がコードに合わせられるもので「メタ言語機能」とよばれる。発信者の言語は、受信者に理解できないメッセージを彼/彼女が理解できるコードに照合して相手に説明するために用いられることがある。第六の機能は、メッセージそのものに照準されるもので「詩的（poetic）機能とよばれる。発信者が言語メッセージを発するとき、発話に詩的ないし美的なニュアンスを生み出すように期待しながら可能な表現のなかからもっとも効果的な表現を厳選する場合がある。

ヤコブソンのモデルは、言語（すなわち記号）の働きに注目し、とくにコードとコンテクストという概念を新たに加えることによって、単なる正確な伝達でもなく、またメッセージの意味変容メカニズムの契機やメッセージと行為の関係についての示唆をも含む、さらに、映像や音などをも言語記号の論理の応用によって扱っていこうとする文化記号論への発展にも影響を与えることにより、人間コミュニケーションの複雑な過程に迫る道を開いた。また、コンテクストの概念を強調することによって、発信者・受信者のコミュニケーション過程と彼らを取り巻く社会的背景とのかかわりを、コミュニケーションの側面から「社会的現実構成の過程」として扱う可能性を示唆するものである。しかしながら、そのことを説明するためには、さらにいくつかのステップが必要である。

(2) コード依存型とコンテクスト依存型

そこで次に、ヤコブソンのモデルにあった六つの要素をそのまま生かし、そこから「コード」を中心にしたコミュニケーションと「コンテクスト」を中心としたコミュニケーションを類型化しようとした池上嘉彦の図式（図2）を参照しよう（池上嘉彦　一九八四）。つまり、ある種のコミュニケーションは、コードに忠実にメッセージを組み立て、相手にもそのコードにしたがって正確に内容を解釈してもらうことを意図したものであるのに対して、他方には、相手のメッセージの意味を受信者の解釈枠組ないしコンテクストにしたがってコードでは読み取れないような背後の意味や新たな解釈の可能性を重視したコミュニケーションがあると示唆したのである。池上嘉彦は、前者を「コード依存型」、後者を「コンテクスト依存型」のコミュニケーションと

図2　ヤコブソン・モデルにおける各要素の機能

コンテクスト（指示的機能）
メッセージ（詩的機能）
発信者（情動的機能）――――――――受信者（働きかけ機能）
接触（よびかけ機能）
コード（メタ言語機能）

よび、さらに前者は「正確に伝えることを重視するコミュニケーション」において支配的であり、後者は「読み取ることを重視するコミュニケーション」において支配的であるとした。

(3) 伝えるコミュニケーションと読み取るコミュニケーションの統合

ところで、この二つの類型はたしかにそれぞれのタイプのコミュニケーションの違いを示している。しかし、社会的現実構成の過程を扱おうとするわれわれの立場からすると、この二つの過程は、どのようなコミュニケーションにおいてもつねに同時に進行しているという点を重視すべきである。つまり、われわれは人と言葉を交わすときには、つねに相手の言葉の意味をコードにしたがって解読するばかりでなく、その言葉の意味を今の状況のなかでどのように解釈したらよいのかという問を無意識のうちに自らに発しているともいえるからである。また、発信者が誰でありどのような立場の人であるか、その人に対して自分はどのように振る舞わなければならないかを見極める（読み取る）ことなしにコミュニケーションは成立しないであろう。むしろ、「読み取る過程」が前提にあってはじめて、「伝える過程」が可能になるとすらいえるかもしれない。

コミュニケーションは、送り手から受け手への一方向的な線的な流れのイメージでとらえるべきではなく、つねに社会的現実を構成するという過程を含んでいるものとしてとらえるべきである。「読み取るコミュニケーション」と「伝えるコミュニケーション」は、そのような社会的現実構成過程のなかに位置づける必要がある。送り手となるためには、受け手の存在ばかりでなく、自らと受け手の相互の関係をその社会的場面における当事者として位置づけなければならないのである。

二　コミュニケーションとメタコミュニケーション

(1)　コミュニケーションの焦点

人と人とのコミュニケーションにおいて、買い物、会合、友人同士のつきあい、授業、就職面接、テレビの視聴、新聞を読む、これらはすべてわれわれがコミュニケーションを行うコンテクストとしての「社会的場面」のひとコマである。コミュニケーションの焦点は、いま自分や周りにいる人が関わっている状況が何であるかが定められるなかで了解される。いいかえれば、「いま起っていること（出来事）」を、コンテクストとするメタコミュニケーションをともなって、コミュニケーションの焦点は定められるのである。

しかしながら、社会的場面のみがつねにコミュニケーションのコンテクストであ

メタ
「間に」「後に」「越える」の意味のギリシャ語に由来し（広辞苑）、そこから「上位の」「について の」「を超越した」という意味が派生したと考えられる

るわけではない。メタコミュニケーションは、コミュニケーションの焦点の変化に応じて変化する。つまり、言葉を用いて行われるコミュニケーションは、人、モノ、コトのすべてを対象にすることができるのであり、その焦点が移り変わるにしたがって、その意味を解釈するためのコンテクストを定めるメタコミュニケーションが起ることになる。

(2)　社会的場面の構成者間のコミュニケーション

われわれが日常的な意味で使っているコミュニケーションは、社会的場面のなかで行われている「言葉のやり取り」を指していることが多い。しかしすでにみたようにその意味でのコミュニケーションは、メタコミュニケーションと一体であり、われわれは場面を構成しつつその場面の当事者にふさわしい存在として、同じくその場面を支えている他の当事者に対してふさわしい言葉を発しなければならない。しかしまた、その場面での相手の表情や様子によってどのような言葉をかけてよいかを判断するであろう。そのときの言葉の意味はつねに社会的場面をコンテクストとして解釈されるばかりでなく、過去の相手との関係や共有経験、あるいは相手の表情や身ぶりなどをコンテクストとして解釈される。たとえば恋人との楽しい語らいが、ある一言から一瞬のうちに喧嘩に転じることもある。つまり、メタコミュニケーションはコミュニケーションを通じて再構成されることもある。

三 メタコミュニケーションと「フレーム」の概念

(1) カテゴリーとしての出来事（event）のパラドクス

記号は、対象を指示し対象に成り代わりになることによって対象から自立する。地図は現地を指し示している記号であるが、現地そのものではない。このことをベイトソン（Bateson, G.）は「地図と現地のパラドクス」とよんでいる（ベイトソン 二〇〇〇 二六二〜二六三）。コミュニケーションは、指示的コミュニケーションが始まることによって進化する。いかなる種類のメッセージも、自らが指示する対象を含まないという意味で、「地図と現地のパラドクス」を含んでいる。猫という言葉は現実の猫を指示していながら引っ掻くことができない。「いまここで起っていること」とは、人間の経験に適用されたカテゴリーによって解釈された「出来事」である。そのカテゴリーは、ある種の出来事ないし人間経験を指示する記号であるといえよう。カテゴリーとしての出来事は、その出来事を指示していながら出来事そのものではない。このように人間が経験する出来事に適用され、その経験を組織化する記号としてのカテゴリーのことを、ゴフマンは「フレーム」とよぶ。した

フレーム　自然的、社会的出来事に関するわれわれの経験を組織化する記号的カテゴリーのこと

エピメニデスのパラドクス
「エピメニデスは、『クレタ人はうそつきだ』と言ったクレタ人である」という言説は、「暗黙のうちに否定のメタ陳述を含む否定の陳述」である

がって、フレームはメタコミュニケーションによって構成されるといえよう。フレームは、記号的カテゴリーであり、それは出来事を指示しつつもその出来事そのものではない、というパラドクスをつねに含んでいる。それゆえに具体的な出来事から自立し、抽象的カテゴリーとして複数の人の間に共有され、場面に応じて利用可能になるのである。

(2)「遊び」というフレーム─高次のパラドクス

ベイトソンが指摘するように、遊びは人間だけでなく、多くの動物の行動にも観察できる。「これは遊びだ」というメッセージは、論理学でいうエピメニデスのパラドクスを含んでいる（ベイトソン　二〇〇〇　二六六）。遊びは、「遊び」の行動が「非遊び」の行動と関連づけられる、あるいはそれを表示するような現象である。ふざけて咬む行為は確かに咬む行為を表示してはいるが、咬む行為によって血が出たり、相手が死ぬというその行為の必然的結果を指示してはいない。その意味で、ふざけとしての咬み合いは、咬むという行為を表示していながら咬む行為そのものが「本物でない」という、高次のパラドクスを含んでいる。

「これは遊びだ」という経験の組織化のカテゴリーは、出来事そのものではなく出来事のコンテクストを指し示すフレームである。それが特異なのは、そのなかで

行われる行為が本物ではないことを了解させるフレームであることである。つまりここでは、指示対象が具体的モノや行動から、コンテクストに移行しているのであり、そのパラドクスは新たなレベルへと発展する。その意味で、「遊び」「脅し」「探求」などは、行動そのものにつけられた名称ではなく、フレームのフレームにつけられた名称（コンテクストを指示する記号）である。ベイトソンのこの分析を受けて、ゴフマンは、「遊び」は変換されたフレームであるとしている。

(3)「遊び」というフレームの不安定性

「これは遊びだ」というフレームは、つねに現実の行為を指示していながらそれが本物ではないということを暗示するというパラドクスを含んでいるがゆえに、基本的に不安定である。暴力に近い行為を含むふざけ合いなどには、「これは遊びだろうか?」という問いがつねにつきまとう。つまり、本物のケンカや殴り合いなのか遊びなのかが曖昧になる。かくして、遊びという変換されたフレームと具体的出来事を指示するフレームとの区別は消滅する危険性をつねにはらんでいる。コミュニケーションが、表示的な記号を用いたものである以上、記号がコンテクストを指示するように変換されるとき、基本的にフレームの不安定性が増す。

逆にこの不安定性は「遊び」の世界が、人間や動物によって構成され相互の了解の下で維持されるものであることを意味している。ゴフマンの考察は、「遊び」よりはむしろ「演劇」についてより詳細に展開される。演劇はフィクションの世界であり本物ではないことが了解されていながら、観客はその世界に没入し、現実に喜怒哀楽を経験するのである。人間社会の歴史のなかで演劇の世界をつくり上げる安定した制度がつくられ、われわれは演劇のなかの世界を、演劇を鑑賞している現実世界のなかにいる自分自身を見失うことなく、楽しむことができる。演劇の世界は、われわれがより高次のコンテクスト、つまりコンテクストのコンテクストを理解する能力をもつことを例証している。

四 コンテクストのコンテクストを学習する

「異種間のコミュニケーションは、いかなる場合も、自分の側で作り上げたコンテクスト（威嚇している、遊んでいる……）を互いに修正しあっていく学習の連続である」（ベイトソン 一九八二 一六一）。そしてベイトソンは、動物も同じような経験をすること、コミュニケーションは学習によって進化することを実証的に示そうとした。

(1) イヌに関する実験(神経症誘発実験)

一匹の犬を二つの異なった条件刺激──たとえば円と楕円のパネルを見せる──に対して、別々の反応をするよう条件づける。この二つの刺激に対する反応に違いが現れたとき、犬は二種類の刺激を「識別」したとされる。このとき、エサを与えて強化する。これができたところで、円を楕円に、楕円を円に近づける。犬は懸命にその二つを区別しようとする。これをさらに進めて難易度を高め、犬が識別できなくなるまで繰り返す。すると、犬は神経症的反応を示すようになる(噛み付く、吠える、エサを拒否、昏睡状態に陥る)(ベイトソン　一九八二　一六一~一六二)。

この実験から示唆されるのは、以下のことである。犬は第一段階の訓練によって「識別のコンテクスト」を学んでいた。つまり、いつも二つの刺激を探すこと、その差異を頼りに自らのとるべき行動を選択すること、が自分に課せられた義務であり、それに成功すれば報われるということを理解するコンテクストである。ところが、この二つの刺激間の差異が知覚できないとき、「識別のコンテクスト」はコンテクストとしての機能を喪失してしまう。そのときに、犬は新たなコンテクストを学習できないがゆえに神経症的症状を示すようになった。ベイトソンは、ここにあるのはもはや「識別のコンテクスト」ではなく「賭けのコンテクスト」なのだという。

(2)　イルカの実験

ベイトソンは、次に、パブロフの犬の訓練実験の延長で、コンテクストに関する学習進化の過程を解明しようと試みる。調教師が、イルカにある動作を教え込む訓練過程の第一段階として、イルカが何らかの動作をしたら調教師が笛を吹きエサを与える。これが繰り返され条件づけられる。イルカは、自分の動作、水槽、ホイッスル、調教師とをつなぎ合わせ、コンテクストのレベルに一つのパターンを形成する方法を学習する。しかし、このパターンは一つのエピソードにしか通用しない。調教師はいくつもの動作をさせることがねらいなので、別の動作を学習させるために、この単一のパターンを壊して別のパターンを構築させる方法を工夫しなければならない。調教師は、イルカの違った動作に注目し、その動作をやったときに笛を吹きエサをやることにする。イルカは、それまでの動作ではエサがもらえないこと、別の動作に対して笛が鳴りエサがもらえることを学習するようになる。このように、後のショーでも新しい動作ができたときに笛とエサをやるという訓練を続けたが、イルカは十四回目のショーまで、直前のショーでエサがもらえた動作をやろうとした。しかし、この不毛な繰り返しを続けたあと、イルカは十五回目のショーにおいて今までとは違った反応を示した。つまり、いきなり八つの演技を入念にやって見せた。しかもそのうちの四つは、今までやったことのないような演技であったばかりでなく、この種のイルカには観察されたことのないものであった（ベイトソン一九八二　一六五〜一六八）。

この実験では、犬の実験の場合と異なり、イルカは神経症状を引き起こすことなく、むしろ第十五回目のショーの直前には非常にうれしそうな様子を体で示したという。それまでの回では、新しい動作を行うきっかけは偶然でしかなかった。しかし十五回目では、ある動作を学ぶとエサがもらえるという単一つのパターンの学習のためのコンテクストではなく、何度も繰り返してきたその同一のコンテクストを超える別のレベルのコンテクスト、すなわち「コンテクストのコンテクスト」の学習が観察されたことを意味する。異なるメンバー（パターン）を集めた一つのクラスが設定されるなかで、はじめてそこに共通する規則性が引き出され、見かけ上の矛盾が克服される過程である。これは、「互いに異なる二つ以上のコンテクストを引き比べることによって得られる情報」を待ってはじめて可能となる。

ここでベイトソンの実験について注目しておきたいのは、コミュニケーションがコンテクストをつねに必要としているばかりでなく、人間は、コミュニケーションの過程で、あるコンテクストを超える高次のコンテクストを創出しうるという点である。これは、フレームがつねにパラドクスを含んでいるがゆえに不安定であり、つねに高次のコンテクストに対して開かれていることを意味している。

五　「状況の定義づけ」と「フレーム」

(1)　状況の定義づけ（W・I・トマス）

次に、社会学者が経験の組織化の問題をどのように扱ってきたかについてみておこう。トマス（Thomas, W.I.）は、人が行為する場合に、社会の価値や制度規範と個人の主体的な態度を勘案しながら、その行動に先立って行動の手段や結果を考慮することに注目し、そのような過程を「状況の定義づけ」とよんだ（一九二〇）。これは、メタコミュニケーションが社会的場面を定める過程、およびフレームによる経験の組織化を社会学的観点から表現したものである。そして、社会学的観点からすると、この定義づけが首尾よくいかないときが問題状況である。ストラウス（Strauss, A.L.）のいうように「問題的状況においては、人は目前の他者だけではなく、目前の自己をも特定しなければならない」のであり、「『私はこの状況では誰なのか』という問いは、状況が問題的である限り問題的である」（ストラウス　二〇〇一　六一）。われわれは、いまここで起っていることが何であるかが了解できないとき、自分自身がこの状況においては誰として行動すべきであるのかもわからなくなってしまうのである。

(2) 状況の定義づけの相互承認と対立

二人の人が出会ったときに同じ状況の定義づけが相互に承認されるのは、どのようなメカニズムによってであろうか。自分の状況の定義づけが相手のそれと完全に一致することは、原理的には不可能である。ただし、ある人の振る舞いに対する相手の人の反応としての振る舞いの仕方に一定のルールが確認できるときに、そこには共通の状況の定義づけが採用されたと推測することができる。ゴフマンやエスノメソドロジストは、そのようなルールの解明をめざしたといえよう。

しかし、じつはこの過程は必ずしもスムースなものではない。ある振る舞いがそのような共通のルールを指示する反応を引き起こさないとき、そこには状況の定義づけをめぐる対立が生じる可能性がある。それは当事者にとって解決しなければならない「問題」として立ち現われる。たとえば、フレーム誤認（遊びだと思ったら相手は真剣だった）、フレームからの排除（相手から無視された）、フレーム論争（場違いであることを指摘されるが、納得できずに弁解や説明をする）など、さまざまな状況のなかでわれわれは当惑や怒りを経験する。その問題の解決は、共通の状況の定義づけに合うように振る舞いの仕方を調整する場合と、それぞれの状況の定義づけの使用を規定する規範の変更へと向かう場合が考えられる。たとえば、当事者たちが、一方が提示した性別役割分業に従った状況の定義づけに対して、他方が不本意ながらもそれに従うように振る舞いを変更する場合と、一方が他方の振る舞いに対して、その状況の定義づけに批判の目を向け状況の定義づけのあり方を見直す方向へ、コミュニケーションについてのコミュニケーション（メタコミュニケーション）が行われる可能性もある。その意味で、コミュニケーションは、つねに状況の定義づけにおける「権力」の問題を含むことになる。ここでいう「権力」は、状況の定義内の人と人との関係を背景とする言語を含む振る舞い相互の関係を意味するものであり、相手を支配する意思や物理的力を意味するものではない。

(3)　フレームと社会的現実構成

トマスは、その後、「もし人間が状況をリアルであると定義すれば、その状況は結果においてもリアルである」（一九二八）と述べ、構成主義的な立場へ傾斜していく。ところで、ここで「状況の定義づけ」における「リアリティ」のとらえ方に注目しておく必要がある。状況において当事者たちの定義づける現実がリアルな現実であるとすれば、状況の定義づけによって現実はリアルなものとして構成されることになる。

ゴフマンは、自らの社会学を「状況の社会学」とよび、対面的状況に置かれた当事者がつくる社会的相互行為システムを研究対象にすえた。そこでは遊びの時空は、現実の時空とは異なるものとして構成されながら、われわれを真剣にさせのめりこませるほどリアルな世界である。演劇の世界もフィクションであるという意味では非現実であるが、われわれの経験の断片のなかにある真実感をよび起こすことによってわれわれをコミットさせるような別次元のリアルな現実であるといえよう。抽象的論理の世界である数学や物理学理論の世界も、そこに真実性を感じることができる限りにおいて、それらも別種のリアルな現実である。

フレーム変換は、われわれがある現実のなかにいながら別の現実を経験することを可能にするのであり、つねに複数の社会的現実を同時に経験するという意味での現実経験の多元性を生み出すのである。ゴフマンのフレーム概念は、対面的相互行為状況を前提としてそのような多元的な現実構成の複雑なメカニズムを明らかにしようとするものである。その意味で、フレーム概念は、「状況の定義づけ」の詳細なメカニズムを明らかにするために有効な概念として位置づけることができよう。

第三章

言語的メッセージと非言語的メッセージの関係

コミュニケーションの過程でやり取りされるメッセージには、大きく分けて、言語的メッセージと非言語的メッセージがある。読み取るコミュニケーションを視野に入れるならば、非言語的メッセージは重要な意味をもつ。そこで、それぞれのメッセージがどのような特徴をもっているのかについてゴフマンと野村雅一の議論を参考にしよう。

一　言語的メッセージと非言語的メッセージ

(1)　言語的メッセージの特徴

言語的メッセージは、言葉の組み合わせによって表現されるメッセージである。

これには、口語モードと文字モードが区別されるが、対面的相互行為場面では口語モードのメッセージが中心となる。言語的メッセージは、一般に「コード依存型コミュニケーション」（池上嘉彦）において多用される。

野村雅一は、ゴフマンの見解を紹介しこれをさらに補足することによって、言語的メッセージの基本的特徴を以下のようにまとめている（野村　一九八三　一一一）。

まずゴフマンは、以下の四点を挙げている。

① 世界のあらゆることについてのメッセージを生み出すことができる（送り手と話題との間に必然的関係はない）。

② その意味に関する社会的合意は、比較的よく確立されている。

③ 翻訳され、蓄積され、また法的根拠として利用されうる。

④ 意図的、意思的であると一般に思われている。

これに対して、野村は以下の三点を付け加える。

⑤ 対面的相互行為において、人とモノの間の調整のためにもっぱら用いられる（ロゴス的コード体系に基づいているので、論理的に物事を処理することが可能）。

⑥ 同時にやりとりされることはなく、通常は交互にやりとりされる（それぞれの対話者が、話し手、聞き手の役割に徹する。これによって、話の「間」とい

メッセージ
コミュニケーションにおいてやり取りされる記号のセット、すなわちテクストである。その意味は基本的に読み取る側に依存するが、コード依存型コミュニケーションにおいては、伝達者がそこに込める意味が重視される

う時間的秩序が生み出される)。

⑦　言語は、「二重分節性」によって特徴づけられる。これはきわめて少数の音素記号(たとえばアルファベットの二十六文字や日本語の五十音)の組み合わせによって、ほぼ無限に近い言葉の生成が可能になっており、それがあらゆることについてのメッセージを可能としているのである。

ゴフマンの挙げている四点は、相互行為の過程において、言語的メッセージを中心とするコミュニケーションは、言葉を発する個人の意図、動機、責任の重要性と言語を使用する人々の間に共有されているコード体系の重要性によって成り立っていることを思い起こさせる。また野村の付加する⑤と⑦は、ゴフマンのいう①の背景となっている要素であり、⑥は相互行為において言語が個人の引き受ける役割の分節化に一役買っていることを示しているといえよう。

(2)　非言語的(表現的)メッセージの特徴

われわれは、通常、人にさまざまな情報を無意識のうちに提供している。表情、身体的特徴、身ぶり、しぐさ、姿勢、人との間にとる距離、服装、持ち物など、基本的にわれわれの身体にかかわるさまざまな特徴が、何らかの意味ある情報として読み取られている。また、他の人についてわれわれ自身が何らかの意味を読み取っているといえよう。これらは一般に非言語的メッセージとして扱われることが多い。野村は、先ほどと同様、ゴフマンの挙げた特徴を紹介し、それにさらにいくつかの点を付け加えている（野村　一九八三　一一一）。まずゴフマンの挙げるのは、次の四点である。

① 必然的に送り手自身についてのメッセージである。
② その意味に関する社会的合意は、比較的曖昧である。
③ 送り手はそれに対して責任を持たない傾向がある（他人が理解したメッセージの意味を否定することができる）。
④ 計算されていない、自然で、非意図的なものと感じられる傾向が強い（実際にはそうでない場合も多い）

野村は、さらに次の三点を付加する。

⑤ 対面的相互作用において、社会的場面枠を設定したり、身体の向きや視線、手の動作によって、会話の進行を指示するようなはたらきがあり、その結果、対面的相互行為において、人と人との関係を調整する機能を果たす（人と人の関係を明確にし、相互のやりとりをスムースにする）。
⑥ 同時的にやり取りされる。

喫茶室

分節化、分節作用（articulation）

記号が、さまざまな対象、現象のなかから「同じ」意味、「同じ」価値をもっているものを選び出し、まとめ上げることによって、「ある視点から対象界に区分を入れる働き」をいう。この作用は、ある対象が別の対象とは「異なる」意味、「異なる」価値をもつものとして区別されることをも意味するという意味で、「差異」を生み出す働きでもある。

ところで、あらゆるものを分節化してそれぞれを記号に置き換えていくと、記号の数は人間の知覚しうる限度をすぐに超えてしまう。人間が自らの感覚で識別できる記号には限度があるにもかかわらず、われわれは無限に近い対象を分類し区別しようとしており、その営みはとどまることを知らない。それが可能であるのはなぜか。言語は、さまざまな対象を分節化し、相互の区別と関係を明らかにすることによって出来事や物事を認識することを可能にするが、言語における文は、語という第一分節と、語を構成する音というさらに下位の単位（第二分節）から成り立っている。人間の言語にみられるこの性質は、「二重分節性」とよばれ、動物の言語との大きな違いとして重視されている。音の性質は、少数の第二分節（アルファベットは二十六文字、日本語の仮名は五十音）を使って、多くの語（音の無限といえる異なる組み合わせ）を生み出すことを可能にしており、文はこの性質を利用して多くの語を効率的かつ能率的に組み合わせることによって、無限の意味作用の豊かさを生み出すことが可能になっている。

⑦　二重分節性がない（複雑な内容のコミュニケーションは不可能）が、そのかわりに続く動作の順序がプログラム化されていることが多い。

非言語的メッセージは、言語と違って聴覚ではなく視覚によってとらえられるものが中心であり、人の身体を媒介として相手に読み取られる。しかも通常それらは無意識のうちに表現されていることが多いので、当人の内面を素直に表現しているとみなされることが多い。そう考えると、これは必然的にその人自身についてのメッセージであることは否めない。しかし、その意味はつねに読み取る側に依存しているがゆえに、本人がそのメッセージに責任を負わされることは少ない。

他方、非言語的メッセージは、野村が付け加えるように、人と人の関係を調整する機能を果たすことが多い。つまり、人がこちらに近づいてくる様子や視線、身体の向き、さらには表情によって、われわれはこれから始まろうとする社会的場面に対する身構えを余儀なくされる。それは必然的にわれわれに読み取るコミュニケーションを促すものであり、言葉が発せられるまでは、双方に同時にやり取りされるそれら非言語的メッセージの意味は委ねられる。そこには必ずしもはっきりした合意がないことが多く、その意味は二重分節性によって厳格に定められた言語コードによってではなく、一定のプログラムにしたがって進行する社会的場面やその他の身体表現相互の関係などのコンテクストに依存して解釈される傾向が強い。

二 言語的メッセージと非言語的メッセージの関係

(1) 言語的メッセージと非言語的メッセージの一致と不一致

言葉を発するときに、われわれは無意識のうちに同時に身振りをともなっており、言語的メッセージを補強する非言語的メッセージをも発していることが多い。この場合は、両者が相互にメッセージを強化しあっていると考えられる。しかしながら、言語的メッセージと非言語的メッセージは必ずしも一致するとはいえない。むしろ両者が食い違うと思われる場合すらある。たとえば、言葉は丁寧で礼儀正しいが、眼が相手を冷ややかに見ていると感じられるような場合、あるいは、あくびをかみ殺しながら相手の話に相槌を打っている場合には、言語的メッセージと非言語的メッセージに乖離が生じているといえよう。

(2) 言語的メッセージと非言語的メッセージの不一致から生じる問題

ゴフマンは、『行為と演技』（ゴフマン　一九七八　二〜三）のなかで、「意図的（give）表出」と「非意図的（give off）表出」を区別している。「意図的表出」とは、自分で意識的にコントロールしているときの表現であり、言語表現はその典型であるが、非言語的表現である表情やその他の身体表現もその対象になる。これに対して、「非意図的表出」とは、自分でコントロールできずにふと漏れ出してしまう表現である。後者は、前者よりも真実の情報が「漏出」される可能性が高いと無意識のうちに感じられる傾向があり、人はこちらの方に結構敏感である。とくに刑事、医者、面接官などは、こちらに細心の注意を払うことが職業上の要請となっている。

ところで、非言語的表現はつねに真実を伝えるといえるであろうか。ゴフマンは、非言語的表現が本人についての情報を伝える傾向が比較的高いとしながら、われわれが日常的にそのことを逆手にとって非言語的表現の演出をしていることに注意を促す。面接には「どこを見られているかわからない」という意識をもって、自然に見えるよう姿勢やしぐさに気をつけて臨むのが普通であろう。われわれは、自分の非言語的表現を自然の「非意図的表出」であるかのように装う演出術をも身につけるようになっている。

「意図的表出」と「非意図的表出」は、ときに非言語的表現の方が真実に近いという「常識的観念」を欺くよう使い分けられることがあるとしても、「非意図的表出」のコントロールには限界がある。ここには、相互に相手の表現の真意を見抜く技術と自分の表現を演出する技術の間の無限の情報ゲームが展開される余地があり、ゴフマンは、これが現代社会に生きるわれわれの宿命であることに注意を促した。

このような日常生活における相互の化かし合いに明け暮れるかのような「現代人」のイメージが、「演技」という語で語られるとき、ゴフマンに対する多くの誤解を生み出した。その誤解の前提には、「人間はそれぞれ明確な本心をもっており、それが表現されたり偽装されたりする」という常識的観念がある。たしかにわれわれは「本心」という観念をもっているし、それを隠すという演技をすることもある。しかし、自分の「本心」と思えるものも、状況のなかで構成されるものとみることができる。つまり、人は、むしろ状況のなかで、「本心」というカテゴリーを自らに適用して自分の意識や深層を演出することを余儀なくされるともいえよう。「本心を偽装する」ことも、「本心をさらけ出す」ことも、周りの人や自分を納得させるための状況にふさわしい自己演出であり、どちらも、人と人との相互行為から成る社会的状況システムの要請に対する人びとの適応様式の一つなのである。「無限の情報ゲーム」は、相互行為システムとしての現代の状況的社会システム自体の原理的要請であり、必ずしも「本心の隠し合い」や「化かし合い」を意味するものではない。後に述べるように、むしろその人の「本心」は、その人の自己演出の仕方そのものに表れる。

三　社会的場面と表現に関する相互行為ルール

(1)　身体言語とコトバの働き（コード化された身体と社会的場面の構成）

歩く、立つ、座る、といった動作は、社会的場面の構成に重要なかかわりをもっている。たとえば、「胡坐をかく」といった動作は、姿勢を楽にして本音を語り合うという場面を構成する働きをもつといえる。とはいえ、目上の人や初対面の訪問先の人から「どうぞお楽にしてください」といわれてそれに従う場合には、相手との上下関係やフォーマルな関係が相互に確認されることになる。その意味でこのような動作は、お互いの関係を指示する働きがある。また、座って話すか、立ち話で済ますか、あるいは相手の話を聞くのに壁にもたれたり肘をつくなども、話の内容や場面の深刻さ、相互の関係を微妙に構成する働きをもつであろう。

(2)　身体技法（ないしハビトゥス）とその諸形態

モース（Mauss, M.）は、立つとか座るという姿勢でさえ、異なる社会・文化のなかでそれぞれに固有な身体運動様式として観察され、それらが人びとを社会化する上で重要な機能を果たしていることに注目し、これらを「身体技法」（technique

ハビトゥス
人びとの何気ないしぐさや身体的振る舞いは、教育や社会階層によって異なる。これらは文化的構造から生み出されまた文化的構造を再生産する

du corps）とよんだ（モース　一九七六）。

他方、野村雅一は、身体動作を含む身体技法を「身体運動」とよび、これを①動作（歩く、座る、つかむ、打つ、投げる、振る、などのように、身体全体ないし一部を動かすこと、あるいは「動き」を指す）、②姿態（正座する、胡坐をかく、しゃがむ、もたれる、あごを手で支えるなどのように、とくに「うごき」のない身体の状態をさす）、③身ぶり（何かを表現したり、伝達するような機能を主として果たすような身体の「うごき」をさす）、④しぐさ（剝く、きざむ、混ぜる、擦る、こする、引っ張る、押すなど、外界または自分自身に働きかけて、ある目的を達成するような「うごき」）、の四種類に分けている。

この分類は厳密なものではなく、境界は必ずしも明らかではない。しかしながら、これらのさまざまな「うごき」のなかには、「道具的・技術的」な性格の強いものと「表現的・伝達的」なものが含まれているのであり、コード化された身体のうごきが、表現的・伝達的な手段として用いられるようになる過程が想定される。また、ブルデュー（Bourdieu, P.）は、文化資本を「身体化された様態」「客体化された様態」「制度化された様態」の三つに分け、「ハビトゥス」（habitus）という概念によって、人びとのなかに身体化された文化資本、すなわち行動や思考（プラティック）を生み出す性向を表現している。「身体化された文化資本」としてのハビトゥ

スは、まさに社会化のなかで重要な働きをする（ブルデュー　一九八六　一八〜二八）。

(3) 心身の総合的過程としてのコミュニケーション

コミュニケーションにおける言語と非言語の関係についての考察は、人間のコミュニケーションが心身全体を動員して行われる総合的過程であることを再認識させる。言語の働きに力点をおくコミュニケーション論は、非言語の働きの大きさを過小評価しがちであり、言語の社会構成的働きを過大に評価する傾向がある（言語行為論、エスノメソドロジーなど）。もちろん、ロゴス的コード体系としての「言語カテゴリー」による分節化の働きはきわめて重要であるが、それを可能にする前提としての次章で述べる「身体の感応的同調能力」、ならびに「身体のコード化」の過程を考察する必要がある。

第四章

コミュニケーションの基礎としての身体

一　共生的身体

非言語的メッセージがコミュニケーション過程において決定的に重要な役割を果たしているとすれば、それを担う身体がどのようにコミュニケーション可能な身体として成立してくるのかに関心が向けられよう。ここでは野村雅一の議論（野村一九八三　四五〜五三）を参考にしながら、身体がコード化していく過程について考えてみよう。

(1)　感応的同調と疎通性

複数の人間が一緒にいるときに、ある個体の身体動作に他の個体が同調的反応を示すことがある。たとえば、大人が乳児や幼児に向かって微笑みかけると、乳児や幼児は同じように微笑み返すことや、レストランや喫茶店などで同じテーブルに友人同士で座っているときに一方の姿勢が変化するのに応じて他方の姿勢が変化するなどのことは、われわれがよく観察したり経験することであろう。このような動作の同調は、無意識のうちに起こるものであり、その能力はおそらく人間の成長とともに身につくものであろう。

野村によれば、読み取るコミュニケーションは、相手の身体動作の意味を読み取る側のコードで読み取るがゆえに、そこに相手との疎通性が確保される保証はない。また、同じコードの共有によってそれぞれの動作の意味は共有されるとしても、相手を感覚的に受け付けない場合があり、そこでは必ずしも疎通性があるというわけではない。つまり、疎通性を可能にしているのは、記号のコード体系であるよりはむしろ、無意識レベルの身体の感応的同調能力ではないかという。コミュニケーションは、このような無意識レベルの身体の感応的同調能力に基礎づけられる。

感応的同調を可能にしたと考えられるのは、「なじむ」という行為である。「なじむ」というのは、基本的には肌における接触感覚による非分節的経験であり、前反省的行為である。育児における母親と乳幼児の接触は、母親の心臓の鼓動や身体の動きのリズムに乳幼児がなじむ過程の積み重ねであり、これによって感応的同調能力の基礎が確立される。子どもは母親の胎内にいる頃から、母親の身体の動きを経験している。すなわち身体的には母親の経験の一部を共有しているのである。また、生まれてからしばらくの間は、母親に抱かれたり背負われたりすることを通じて、肌を接して母親の身体の鼓動やぬくもりを経験するばかりか、大人の世界の動作を身につけていくことが普通である。このような過程を、野村雅一は「なじむ」経験であるという。

また、母親の身体から分離した子どもが、兄弟の背中で遊ぶ動作になじんだり、踊りなど社会的に必要な動作を学習するとき、父親や母親が子どもの背後から子どもの手足を一緒に動かしながら動作を伝承していくことはさまざまな文化に観察されるという。ここには、「なじむ」から「なぞる」への移行がみられる。日本語でいう「手取り足取り」というのは模倣というよりは、むしろ「なぞる」といった方が近い。

(2)　感応的同調能力から身体のコード化へ

母親の身体的動作は喜びや不安、怒りや悲しみといった心理状態とも連動しており、子どもが母親の身体になじむ過程はこれらの心理状態になじむことをも含む。それが繰り返されるとき、その動作にはその心理状態がともなうことになる。また母親が子どもに微笑みかけるとき、それにともなう経験が子どもにおよび起こされ、それが子どもに微笑むという身体動作を生み出す刺激になることもある。そのときには、すでに子どもは母親の「微笑み」という動作を「なぞる」準備ができているといえよう。

母親の「微笑む」という表情にともなう心的状態が子どもの側にも随伴するとき、その表情と心的状態は一つのコードとして子どもの内部に定着するといえよう。ある動作を「なぞる」ことがある心理状態をともなうとすれば、その動作と心的状態の結びつきをコードとして習得したということになる。なじむ経験は、同じ動作の反復により、類似した経験を自らの内部に蓄積していく過程である。同じ動作の反復は、なじむことの結果であると同時に、相手の動作を無意識的にであれ意識的にであれ「なぞる」ことによって行われる。そのような「なぞる」動作の心的状態との結びつきが、無意識であれ記憶のなかに蓄積されていくと、相手が目の前にいなくともその動作が自律して行使されるようになる。

ある個体がある種の動作をするときに、他の個体の内部に最初の個体の内部に生じたのと同様の反応（経験）が生じるならば、その動作は記号化（コード化）されたといってよい。たとえば、立つ動作は、今までの活動が終了し新たな動作の始まりであることを意味しており、集団で座っているときに誰かが立つことによって集団全体の活動が終了したり、新しい段階に入ったりすることが確認される。そのとき、「立つ」という動作は相互行為全体の一部を表す記号として自立しているのであり、その動作がコード化されているのがわかる。身体動作がこのように社会的行為という意味と結びついていることを学ぶことを「身体のコード化」とよぶならば、われわれは他者の身体動作の意味を解釈することを通じて、社会的相互行為を行っているということができよう。

しかしながら、その前提として、われわれの身体は感応的同調能力を身につけていることが必要であることを忘れてはならない。これは子どもの時代に限定されるものではなく、大人にもさまざまなケースが観察されている。たとえば、学校の寮で集団生活をする女生徒の月経周期は、次第に一致してくることや、あるいは、同じ病院の入院患者の新陳代謝リズムが一致してくること、さらには校庭でばらばらに遊んでいる子どもたちの動作が、もっとも活発な少女の動きにシンクロナイズして全員が一定のリズムに従っているという文化人類学者ホールの観察（Hall, E. 一九九三　第五章）などは、ある個体の身体の動きに他の身体が共鳴するあるいは同調する過程であると考えることができる。また、長年一緒に暮らしている夫婦、親子、兄弟姉妹などの間では、各人の動作が似てくるという事例も身近なものであろう。

(3) 共生的身体と言語表現の発達

なじむ経験となぞる経験の蓄積によって、多くのコードを習得したときに、身体は「コード化された身体」になる。それら多くの動作が社会的相互行為を意味する記号として身についたとき、「感応的身体」は「コード化された身体」をも含むものへと発達する。野村は、感応的身体を基礎として、このような意味でのコード化された身体へと発達した身体を「共生的身体」(野村 一九八三 五三)とよぶ。

共生的身体は、感応的同調能力を基礎として身体動作のカテゴリーの形成(亀井秀雄 一九八二 一四二〜一四九)の蓄積によって発達するといえよう。一つの経験は、反復されることによって少しずつ分節化されていき、相互に関係づけられて一つのまとまりをもった知覚を形成していく(微笑みながら近づいてくる母親の姿は、不意の出現として知覚されても、それが喜ばしい感覚的経験であり、これが何度も繰り返されるうちに乳幼児の側に経験の分節化と映像の関係化という知的作業が開始され、対象化された知覚像を求める要求が生まれてくる)。

また、「共生的身体」とは、「アナロジー的(アナログ)コード」によって読み取り可能になった身体であるといえよう。乳児や日常生活におけるわれわれのカテゴリー形成の特徴は、全体的に首尾一貫した(ロゴス的な)差異の体系などを念頭においているわけではなく、むしろ代表的な個体(事例)から出発し、「それに似たもの」をアナログ的に次々に連結していくことによって全体をつくるところにある。たとえば、「ワンワン」は「ワンワンらしさ」として概念化された一つの知覚イメージであり、これを新たな個体や他の動物に当てはめて対象を分節化し認識していく。その意味で、われわれが最初に覚えるコトバは身体をめぐるこのような知覚イメージとしてのカテゴリーから形成されていくと考えられる。その意味で、言語表現も身体経験の反復からはじまるといえるのかもしれない。

集団に共通の知覚・意味化作用は、一つの共通の身体的動作によって媒介され獲得されていったと考えられる。狩猟採集社会においては、仲間の獲物を追う走り方はそのまま自分の走り方であり、仲間の食べ方はそのまま自分の食べ方であった。つまり、自分自身の身体についての理解も、(自分自身が所属している）文化の自己理解の仕方に依存している。亀井は、この過程を、感性的知覚の共有（亀井一九八二　一五〇〜一五五）とよんでいる。

二　コード化された身体の拡張

(1)　現勢的身体と習慣的身体

われわれは、自分の所属する文化において自分自身の身体についてのイメージを生成していると考えられる。そうであるとすると、コード化された共生的身体というのは、いわゆる物理的ないし生物学的身体に限定されるものではなく、文化的に形成されたイメージとしての身体をも含むものであるということができる。メルロ・ポンティ（Merleau-Ponty, M.）は、『知覚の現象学』（メルロ・ポンティ　一九八一一四八〜一四九）において、「現勢的身体」（le corps actuel）と「習慣的身体」（le corps habituel）という概念を提示している。現勢的身体とは、運動を現実に行う身体のことであり、習慣的身体とは、「一定環境に適応し、そこに自己を絶えず参加させていく」ことのできる存在として理解されている身体である。習慣的身体は、現勢的身体を基礎として構築されていくが、現勢的身体が感応的身体として「なじむ」経験と「なぞる」経験を繰り返し、動作を分節化していくことによって身体的コードが自立化し、類的存在としての人間一般についてのイメージで自己を把握することによって獲得されていくと考えられよう。

メルロ・ポンティは、習慣的身体を説明するのに「幻影肢」という現象を引き合いに出している。戦争で足を失った人が、ときになくなったはずの足に痛みを感じたり、足があるかのように振る舞う現象を「幻影肢」という。このときにその人が痛みを感じたり、あるかのように感じている部位を含む身体は、現勢的身体とは別のレベルで分節化され形成されている身体であり、これを習慣的身体とよんだのである。首と胴、手足をもって環境に適応していく人間の一人として自己を理解するという意味で、これは「世界内存在としての身体」（メルロ・ポンティ　一九八一）である。その意味で習慣的身体は、コード化という人間の能力が前提となっている必要がある。感応的同調能力をもった身体が、他の人間となじむ経験を通して他人の経験を感応的に把握し、同調的に反応する能力を高めることは、他人のしぐさや身ぶりを理解し、読み取ることができる能力を高めることでもある。それは、他人のしぐさや身ぶりへの反応ばかりでなく、自分のしぐさや身ぶりへの反応でもある。身体は他者との関係のなかで、このようにコード化された身体へと発達を遂げることによって、共生的身体は、習慣的身体をもつようになるといえよう。

(2)「パーソナル・スペース」と習慣的身体

これに対して、「パーソナル・スペース」（渋谷昌三　一九九〇　一一〜五四）という概念がある。人間の身体は、身体表面を外的境界とするのではなく、自分の周りに自らの人格の延長としての距離空間をもっている。パーソナル・スペースとは、個人を取り巻く空間のうちそこへ他者が入り込むと「侵害されたと感じる」空間のことであり、不快感を示したり退去しはじめたりするような空間である。人間の身体の一部のように感じられるこの空間は、感応的かつコード化された共生的身体の一部をなしており、コミュニケーションにとってきわめて重要な働きをする。渋谷は心理学的観点から、その特徴として、以下のようなものを挙げる。

① 自分に属すると感じられる空間の内部に他人が侵入したり、自分が他人の空間に侵入しなくてはならないときには、不快感を生ずる。

② この空間の大きさ、形、侵入のしやすさなどは、年齢、相手の性別、社会的場面、さらには自分の心理的状態や動機付けの強さ、相手の認知度・親密度、好意の度合いに応じて変化する。

③ このような空間には、自分に脅威を及ぼすものから自己を防衛したり、相互の（親密さの）関係を調整する働きがある。

④ この空間は人が移動するときに、その人の一部として一緒に移動する。

⑤ この空間の大きさ、形、侵入しやすさは、文化の影響を強く受けている。

このような「パーソナル・スペース」は、現勢的身体とも習慣的身体とも区別されることはもちろんであるが、習慣的身体の延長上に形成されるものとして理解することができるかもしれない。その場に応じて大きく広がったり、場面や心理状態、親密度などによって変容しうる可変的な身体空間イメージとしての「パーソナル・スペース」は、それがコード化されているがゆえに、社会的場面を構成したり崩壊させる働きをもつ。これらの働きは、心理学や哲学の次元でみるよりは、相互行為において成立する身体として、社会学の次元で考察されるべきであると思われる。

三　「パーソナル・スペース」の限界と「なわばり的空間（territoriality）」

「習慣的身体」は、「現勢的身体」についての自らの経験を媒介として築き上げた類的存在としての人間の「身体イメージ」であるとすれば、パーソナル・スペースは、そのようなイメージをもつ人間がさらにその延長上に経験するような「身体感覚の空間的広がり」を指しているといえる。しかし、パーソナル・スペースの概念は、社会学的観点から再構成される必要があろう。

(1) パーソナル・スペースの限界

パーソナル・スペースの基本的な特徴は、それがテリトリーでありながら恒久的なものでも個人に完全に備わったものでもなく、個人がその中心に位置を占めるような一時的かつ状況的（situational）な領分（preserve）とみなすべきところにある。

パーソナル・スペースの正当性は、社会的場面のなかの諸要因にしたがって大きく変化するとともに、その基盤が不断に変化する。たとえば、そこに居合わせる人の数、近づいてくる人の目的、固定された座席、社会的場面の性格などがそれらの変容を左右する要因となる。たとえば、広い場所で人が少ない場合と、狭い場所で人が多い場合の待ち行列の並び方には大きな違いある。人びとのいる空間（たとえば電車内、エレベーター）へ人が新たに加わる場合とそこから人が立ち去る場合に、人びとの関係の変化は、パーソナル・スペースの変容（距離のとり方の変容）として現れる。

「パーソナル・スペース」は、状況に左右される点に注意が払われているとはいえ、あくまで個人を中心に据えて考えられた身体空間概念である。ところが社会学的にみると、以上みてきたことから、身体空間を個人に属する空間に限定してしまうことにある種の違和感が生じてくるであろう。

(2)　身体空間と相互行為空間——なわばり的空間（territoriality）

ゴフマンが用いた「なわばり的空間」(territoriality) という概念は、多少ともそのような違和感に答えてくれる。「なわばり的空間」という概念のぎこちなさは、それが動物行動学などでいう「テリトリー」とも異なり、しかもパーソナル・スペースとも区別されるべきであるところからきている。それは、一方では他人には侵入しがたいような個人空間である場合もあれば、個人を超えて複数の人びとのつくり出すような空間としても立ち現れる。「なわばり的空間」(territoriality) とは、動物の「なわばり」のような機能を果たすが、「なわばり」のように場所に縛られたものでなく人とともに移動し、さらには一般にいう空間（物理的空間）のイメージからは想像しがたいような「心理的空間」、「社会的空間」までをも含む概念として呈示される（Goffman 1971 28–41）。そこで次に、ゴフマンが「なわばり的空間」の具体例としてどのようなものを挙げているかをみていくことにしよう。

仕切り空間（stall）　「仕切り空間」の特徴は、眼で確認できる一定の境界によって仕切られ、外部者の侵入を防ぐことができるところにある。通常は固定的空間であり、デパートの休憩用椅子、駅や公園のベンチ、レストランの窓際のテーブル、電話ボックスなどがその例である。それは、パーソナル・スペースと一致する場合もあれば、一群のグループに占有される場合もある。劇場の個人用シートは前者の例であり、オペラ劇場のボックス席や国技館の相撲観戦用の升席などは後者の例である。それは、一定時間それを保持する権利を主張することができる点で、パーソナル・スペースと区別される。たとえば、テニスコート、ボーリング場のレーン、ゴルフ場のホールなどがその例である。仕切り空間の占有権は、状況に応じて変化する。レストランのテーブル席に荷物を置いて占有権を主張するとか、二人用の椅子に自分の荷物を置いて他の人が座りにくくするなどの例はよく目にする。これは、仕切り空間を個人の持物などによって汚染し、パーソナル・スペースあるいはグループのスペースとして主張する例である。逆に、多くの人が殺到すると、一グループ用のテーブルに相席を求められたり、旅館で相部屋を余儀なくされることもある。

利用空間（use space）　「利用空間」とは、ある手段的用具を用いる必要から個人や人びとの前に直接広がる空間領域のことを指す。たとえば、画廊で絵を鑑賞している人は見ている絵と自分の間にそのような空間を構成している。また、観光地などで記念写真を撮ろうとしている人の場合も、その間を他の人が横切ることははばかられる。また、マラソン選手の走る前方コースや跳躍台までの助走スペースなどもこの例である。「利用空間」が成立している間は、周りの人びとはその空間を尊重し、その空間を成立させている条件が損なわれないよう、注意を払うことが要請される。そのような条件を損なう要因のなかには、身体の動きを確保するのに必要な空間的広がりを侵害するもの、視覚をさえぎるもの、音をさえぎる騒音のレベルなどが含まれる。

順番（the turn）　社会的状況において、ある人が他の人との間にある種の等級関係を生み出す時空秩序のことを、ゴフマンは「順番」とよぶ。「順番」は、社会的相互行為における人と人との空間的かつ時間的関係を構成するルールの一つであり、人のカテゴリー化を前提とする。たとえば、「女性」、「子ども」が優先されたり、また、「大きい順」や「小さい順」など、身長の大小が並ぶ順番を決める基準になることもある。さらに、サービスを受ける順番待ちでは、「早いもの順」が採用されることが多い。一度順番が決められると、空間的関係が当事者たちに確認できる手立てがあれば、自分の番がくるまではその権利を確保したままその場を離れることが許されることもある。また、順番待ちの列においては、知り合いが来るとその人を自分の前後に入れても文句を言われないことがある。これは、列を構成する単位が個人に限定されているわけではなく、同伴者（a with）を想定していることがあるからである。特定状況での順番の決定基準は、支配関係を生み出すものであるが、その他のあらゆる形態の選好基準を排除した一面的な基準であるがゆえに、つねにパラドクシカルであり、他の属性による選好基準との間にコンフリクトを引き起こす可能性がある。「順番待ちの列」においては、参加者は順番の維持とパーソナル・スペースの維持の両方にかかわることになる。しかし順番のルールはその場の状況を明瞭にするため、人びとはパーソナル・スペースの縮小や身体的接触に対しては寛容になる。

被覆（the sheath）「被覆」とは、身体の覆いのことを指しており、皮膚と衣服の両方を含む。皮膚と衣服に覆われた身体は最小のパーソナル・スペースとして機能する。しかしそれはまた、純粋な意味での自己を中心としたなわばり的空間という意味で、自己の保有領分として機能しうるのである。身体の各部が、それぞれの文化において異なる儀礼的意味を担っている。たとえば口に対しては敏感なアメリカ中流階級も、肘についてはそれほど注意を払わない。

自己の保有物（possessional territory）自己と同一視されその人の身体とともにつねに保持されるようなモノが「自己の保有物」である。たとえば、上着、帽子、手袋、煙草入れ、ハンドバッグとその内容物一式など、「個人の持物」とよばれるものを指す。さらには、つねにその人と一緒にいる他の人、その人専用の灰皿、クッション、食器なども、個人の身体空間の一部として機能する場合、自己の保有物の一部となろう。これらの保有物は、身体空間の一部として機能しうることから、パーソナル・スペースと区別しにくい面をもつが、その人から切り離すことができると同時にその人が不在であるときもその人を感じさせる機能をもつという意味で、区別しておくべきであろう。

自己の情報領分（information preserve）　周りに他者がいるときに、それらの人からのアクセスを自ら統制しうることを期待するような自分自身についての一組の事実情報のことを、「情報領分」とよぶ。たとえば、ポケットや財布の中身、引き出しの中身、手紙の中身、過去の経歴など、他人が勝手に知る権利はないと思われている情報であり、また、人が直接観察しうるがじろじろと見てほしくない身体的特徴やふるまいなども含まれる。人は「見られること」（being looked at）の必要性は知り抜いているが、必要以上に「凝視されること」（being stared at）は迷惑と感じている。「見られて」はいても「凝視されてはいない」という判断のもとで行動し、他者に対してもそのように振る舞おうとする。同じ身体領域について「見られること」と「凝視されること」が相互の領分を侵さないように繊細に振る舞うためのルールを身につけている。

会話者空間領分（conversational preserve）　会話に参加している人びとの間で一定ルールの下に成立している空間領分のことであり、誰の許可を得て話をするか、いつが自分の話す番であるかについて、それぞれのメンバーは一定の権限をもっている。これはすでにフレームによって構成された社会的状況空間を意味しており、パーソナル・スペースは、これにしたがって管理されることになる。会話に参加している人びとは、外部の人びとがそこに介入してくることや聞き耳を立てられることに対して、一定の防御的権限をもっている。

(3) なわばり的空間の特質

以上の分類を大まかにまとめると、なわばり的空間には、個人の身体空間の広がりである「パーソナル・スペース」(これには、個人の持ち物など身体の外部に拡張される物理的指標による広がりをも含む)、複数の身体によって構成される待ち行列や会話空間のような「相互行為空間」、さらには個人の内部にかかわるいわゆる「プライバシー空間」などが含まれる。しかもそれらは物理的環境条件に依存する度合いの強いもの、自己に付随する領分など個人的意味合いの強いものを含みながらも、それらがつねに社会的相互行為状況に依存して変化する点が強調されていることである。

つまり、「固定的なわばり」といえども、つねに人と人との相互作用のなかでその空間的範囲が変動するのであり、どれもが基本的に社会的相互行為過程において要求される状況的(situational)なものであること、そしてそのような意味で「身体空間」は必ずしも個人に帰属するばかりではなく、複数の人のつくり上げる社会的空間へと広がりをみせるということである。

四　身体空間としての社会

(1) 身体空間としての相互行為空間

身体空間は、相互行為を構成しつつそのなかで構成され変容するいわば精神・身体空間としての社会空間の一部をなしているのである。このように、身体空間は、つねに社会的相互行為のなかで成立する人と人との関係という側面から考察される必要がある。そしてコード化された各個人の身体的動作は、身体の感応的同調能力を基礎として、精神・身体空間としての状況的社会空間を構成し再構成する機能を果たしているのである。たとえば、「待ち行列」や、パーティ会場でのいくつかの会話空間は、それ自体で周りの人の介入を躊躇させる一定の社会的空間を構成している。それらはいずれも具体的な身体をもった複数の人が一定の時間生成しているものである。

相互行為空間を支えているフレームは、外界からのさまざまな要因によって変質したり崩壊する可能性がある。たとえば、寄席で観客が誰も笑わない、結婚式のスピーチで上がって何も言えなくなってしまいしばらく沈黙が続くときなど、その相互行為空間は攪乱され、その場にいる当事者全員に気まずい思いと何とかしなければという焦りが蔓延する。そのような場合に、全体の雰囲気を逸早く察知し、事態の修復を図る役を引き受ける人が要請される。その場の個々の身体は、そのような集合的身体空間の広がりを構成し、認識しているばかりでなく、その一部として機能しているといえよう。われわれは誰と誰がどのような空間を構成しているのかを識別する感応的同調能力とともに、コード化された身体動作（儀礼）の解読を通じてそのような時間と空間の広がりについて識別する能力をも身につけているのである。

(2) 相互行為空間と参与的地位

相互行為空間は、一定範囲の当事者の間で成立しており、そこへの部外者の侵入ははばかられる。自分が当事者なのか部外者なのかを識別できなければ、その空間は緊張を引き起こすことになる。部外者は、通常、当事者のつくり上げている相互行為空間に介入するのを遠慮して、控えめな態度でいる。しかし部外者が話の内容が聞こえる位置にいても、ある程度その存在に対して寛容な場合もある。そのような場合は、部外者は「傍観者」（onlooker）としてその空間にかかわりをもつことになる。そのことも身ぶりを通じて相互に了解される。

コミュニケーションにおける「話し手」に対する「聴き手」という立場は、現実の社会的相互行為場面では、「正規の聴き手」ばかりでなく「傍観者」としての聞き手もあり、その相互行為空間における地位が異なる。ゴフマンは、これを「参与的地位」と表現した。相互行為空間においては、フレーム内の参与的地位とフレーム外の参与的地位が構成されるのであり、われわれはメタコミュニケーションを通じて、自分がどのような参与的地位にいるのかについての適切な判断を求められているといえよう。当事者の相互行為空間へ部外者が侵入すると、相互行為空間は大きな歪みを生み出したり、最悪の場合は崩壊することになる。

第五章

社会的状況における「自己」

　これまでコミュニケーションを行う当事者の身体がつくり上げる相互行為空間の特質についてみてきた。そのような相互行為空間のなかで構成、再構成される当事者は、通常、自己と他者として把握される。そのような視点変換が必要なのは、われわれ自身がつねに具体的な状況のなかでの当事者を引き受ける可能性をもっており、その際に自らの視点に立ちつつ自らを考察の対象とする特異な存在であるからに他ならない。「自己」とは、相互行為空間において、現勢的身体に帰属せしめられ、習慣的身体とパーソナル・スペース、あるいは相互行為空間全体に反映される一方、具体的状況から自立した存在としても認識される。そこで本章では、身体空間としてとらえられる相互行為空間のなかで、相対的な関係にある自己と他者がどのように顕在化してくるのかについて考察する。ここでは、とくに現代社会における「自己」の特質について、社会学的視点から考えてみよう。

一　「自己」(self)とは何か
——G・H・ミードの自己論を中心にして

「自己」(self)は、コミュニケーションの当事者であるかぎり、つねに社会的場面にふさわしい存在として振る舞わなければならない。しかしながら、さまざまな社会的場面に参加する自己は、同じ名前を与えられ、成長とともに変化するにしてもある程度一貫した身体的特徴を備えた個人であり、さらには長年付き合いのある人からは容易に変化することのない性格的特徴をも備えた人物として認められている。その意味で自己は、個々の社会的場面から独立した存在でもある。それでは、自己のこの二つの一見相容れない側面をどのように関連づけ、説明したらよいのであろうか。この問題を考えるには、自己とアイデンティティの関係について考えることが必要であるが、その前に、自己が他者との関係のなかで生成され成長してくることを理解する必要がある。

(1)「他者」の視点と「自己」の成立

ミード（Mead, G.H.）によれば、「自己」は、他者からみた存在として認識されるMeと、それに対する反応としてのIの相互作用過程として把握される（ミード 一九九五）。Meは、ある視点から対象化された自分である。その視点は他者の自分に対する態度を含んでおり、その態度が取得されることによって、自己はその視点から自らを対象化するようになる。子どもは、母親、父親、兄弟姉妹に接することにより、自分のことを最初は身近な他者の視点から認識する。このように、Meはつねに自己を対象化する視点とその視点から対象化された自己イメージ、およびその自己イメージへの態度を含む。

Meは、固定的なものではなく変化しうる。具体的な相互行為空間のなかで、さまざまな他者の態度を取得する経験を積み重ねるにしたがって、人は多様な他者の態度を身につけるようになる。そしてそれぞれの他者の視点から自らを対象化することができるようになる。そのような視点には、個々の他者ばかりでなく、役割カテゴリーとしての他者、社会的場面、世間一般、過去の自分、将来の自分などが含まれるようになる。

Iとは、Meに対する衝動的エネルギーによる反応である。自己はその衝動によって、対象化されたMeを全面的に受け入れることはなく、そのイメージから一定の乖離を示す反応が生じる。しかし、その乖離を自覚したとき、Ｉはすでに対象化されてMeになってしまう。Ｉは把握される途端にMeになってしまうため、けっしてとらえることはできないとされる。ＩとMeの相互作用は、精神（mind）過程であり、同時に社会過程でもある。ミードにとって、「自己」とは、ＩとMeの相互作用の過程である。それは決して、固定的な性格（character）やパーソナリティを意味する概念ではない。

(2) ミードにおける自己（self）の発達

子どもは、たとえば、父親が新聞を読んでいると、自分も同じように新聞を読むしぐさを真似る段階がある。これは、その意味を知ることなく、単にそのしぐさをなぞるに過ぎないのであり、他者の態度取得の準備段階であるとされる。これは、そのような他者の態度を自らの態度として経験する過程であり、野村雅一の言葉を借りれば、これは「なじむ」過程によって可能になるといえよう。そして、それぞれの他者の自分に対する態度になじむ経験が重ねられる結果、自分のことを他者の視点から認識するようになる（これは他者の行為を「なぞる」経験の基礎である）。

子どもの遊びに、「ごっこ遊び」とよばれるものがある。たとえばお母さん役になる子どもが、子どもの役を演ずる別の子どもに「何々してはいけませんよ」といったり、男の子が電車の運転手になったり、消防士になったりして遊ぶのは、自分の身近な母親を通して母親一般や、他の職業カテゴリーの役割を自分で体験してみる試みである。これは、個別のカテゴリーの他者の態度取得を遊びとして行うことにより、自分とは違う人の態度をなぞる経験であり、ミードはこれを「遊戯段階」とよぶ。

野球のようなゲームに参加するという経験は、そのゲームを成立させるあらゆるポジションとそれらの関係を認識しており、自分がその体系のなかのいずれのポジションを受けもつのかについての明瞭な自覚があるところに特徴がある。そこでは、一人の他者の態度ではなく、さまざまな役割の体系を身につけることが必要であり、しかもそのなかでの自分が引き受ける役割の位置づけができている必要がある。これが「ゲーム段階」である。

ゲーム段階は、そのゲームを成立させるポジションやルールをすべて理解していなければならない。そのゲームの範囲を社会（ないしコミュニティ）全体へ広げていくことができた場合に、さまざまなゲームを包括する社会の一員となるのであり、人は社会の成熟した成員としての条件を備えた自己となるとされる。

さまざまな他者の態度を取得する経験を積み重ねるにしたがって、人は多様な態度の体系化された見取り図を身につけるようになる。さまざまな他者の態度は相互

一般化された他者
これは世間一般ばかりでなく、地域社会、各種集団・組織の態度としても立ち現れる。それぞれのレベルの一般化された他者が、成員への期待や規制を含む相互行為全体の視点と態度を提示するのである

に関連づけられ、全体としてあるまとまりをもった体系として認識されたとき、それは「一般化された他者」(generalized other) とよばれる。一般化された他者の態度は、日本でいう「世間の態度」に近い。ミードは、一般化された他者の態度が身につくようになったとき、「自己」は完成する点を強調し、たとえば犯罪者は一般的他者の態度を身につけ損なった人であるという。しかし、ラベリング論などでは、犯罪者は犯罪者集団の一般化された他者を身につけるのだと反論する。このことは、一般化された他者に関する二つの重要な問題を提起する。一つは、一般化された他者が自己の成長とのかかわりでもつ重要性であり、もう一つは、一般化された他者は、個々の具体的な社会的状況全体の視点から自己を見据えるパースペクティヴを象徴するのであり、それは単一のものではなく、さまざまな領域とレベルの社会的状況全体の視点と態度を象徴するものであるということである。

ところで、ゴフマンにとっても、さまざまな状況のなかで他の当事者とその状況を維持していける能力をもった個人が「人」(person) とよばれる。多様な状況を通してさまざまな一般化された他者の態度の見取り図を身につけたとき、自己はいわゆる「成人」として行為可能な存在になる。しかしその一方で、自己は、他者との相互行為を全体的に見渡す「一般化された他者」の視点なしに存立し得ない。その意味で、自己は「個人に属するのもの」でありながら、個人をめぐって他者との

間に生じる社会過程なのである。

二　自己呈示（presentation of the self）

(1)　自己呈示に関する問題

相互行為は、それを遂行する当事者自身が自分の行為を他の行為者の行為および全体の社会的場面と「再帰的」（reflexive）に関連づけることによって可能となる。これは、一方で、われわれが他の人と相互行為するとき、われわれの行為が記号的意味に基づいて行われることを示している。また他方では、その際、われわれは自分自身が行為していると同時に、自分自身の行為の意味を対象化し、他の行為者や社会的場面全体の立場から自分の行為を眺めるもう一人の自分の存在が必要となる。かくして、自己はこのような視点の交錯によって、自分自身の行為や身ぶりを自分自身でモニターしつつ、その結果を次の行為にフィードバックさせることができるのである。

ゴフマンによれば、対面的相互行為は、それを行う参加者が社会的場面と当事者の取るべき「役柄」（character）を行為者の振る舞いの意味としてよび起こし、お互いにその役柄にふさわしい「自己」を呈示し合うことによってはじめて可能となる。社会的場面は、登場人物（役柄）によって演じられる舞台として構成される。したがって、当事者である自己は、その舞台上のドラマにふさわしい登場人物（役柄）として呈示されなければならない。それはつねにそのドラマ全体を構成する他の登場人物に向けて提示されるのである。

(2) パフォーマンス（自己演出）の多様性

ゴフマンは、さまざまな自己演出の具体例として、以下のようなものを挙げている（ゴフマン　一九七四　一九一八九）。まず、「外面」(front) の演出がある。これは、他者に対する自己の標準的表出装置であり、たとえば、病院の建物の外観、店内のレイアウト、などの「舞台装置」、制服、髪型、化粧、ファッション、持物などのような「個人的外見」、マニュアル化された作法、ふるまい方、言葉遣いなどにみられる「態度」(manner) が区別される。次に「劇的具象化」(dramatic realization)、たとえば、アルバイトなどで、仕事をうまくやっていることを人目につかせるパフォーマンスがある。これにたいして、わざと能力のない振りをする優等生の例や、失敗については触れないようにする医師などの自己演出は「理想化」とよばれる。さらには、われわれは、公の場面で、言いまちがい、あくびをしない、躓いてよろけたりしない、意識過剰になったり無関心な様子を見せない、言葉遣いや表情を周りの雰囲気に合わせようとするなど、「表出的な統制」に気を使っている。

日常生活でわれわれは、自己を偽って呈示することも多い。しかし、偽りの自己呈示にはさまざまなタイプのものがあり、非難される場合もあれば奨励される場合もある。たとえば、置かれた状況のなかで、相手のためを思ってウソをつくことはあるし、悪気ではなくむしろ、相手をびっくりさせ喜ばせるために人をだますこともある。ウソは言っていないとしても、誤解を招くことを承知である事実を伏せておくなどは、微妙な領域にある。

現代社会において「偽りの自己呈示」は、基本的に非難の眼で見られるが、重要なのは、第一に、事実を偽って呈示することが避けられない状況もあるとすれば、本当の自己を偽らずに表現するにはどうすればよいかを追求することが重要なのではない。「正直か不正直かが問題になるのは、人をだますパフォーマンスを行うか否かではなく、ある種のパフォーマンスを行う権利がないのにそれを行うかどうかである」(ゴフマン　一九七四　六八)。第二に重要なことは、自分の自己呈示に対して他者がどのような印象をもつのかである。つまり、日常的自己演出において、自分が抱いてほしいと思う印象と実際に人に抱かれる印象は食い違う可能性があり、他者から「偽り」の印象をもたれてしまえば、いくら弁解しても無駄である。第三に、偽りの印象は状況全体の脅威をまねきやすく、つねに状況を不安定にする。当事者たちは、偽りでない呈示によって状況の安定が回復されると信じていることが多いが、弁解すればするほど不信が募ることも多い。第四には、他者に対してばかりでなく自分に対して自己を正当化するために、自分で自分をだます（自己欺瞞）という自己演出もありうる。そして第五に、偽りの呈示の仕方自体に、その人自身の人柄とその人の本心が読み取られるということにも注意する必要がある。

他者に入る情報を規制して一定の社会的距離を保ち、自己についてある神秘的な印象を抱かせる演出が「神秘化」である。「神秘の背後にある真の秘密は、本当は秘密など何もないということ」（ゴフマン　一九七四　八二）であり、秘密にしておかなければならないのはこのことである。これは特殊な例ではない。相互行為において人との間に距離を置くことが根本的に重要なのは、一般にどんなに親しい間柄でも、人と人の相互行為が、ある程度までこのような神秘化の余地なしには成立し得ないからである。お互いに相手を知り尽くしているという幻想が、むしろ親しい関係を阻害する場合がある。

さて、以上、われわれが人間社会のなかで生活するかぎり、自己は社会的相互行為空間のなかで構成、再構成されることを繰り返しみてきた。しかし、自己は個々の社会的行為空間を離れてイメージされることも事実である。このような自己イメージはどのようにして構成され、またそれはどのような意味で自立した存在といえるのであろうか。

三　社会的状況から自立した「自己」

(1)「自己」の連続性と自立性

人は、さまざまな社会的相互行為空間を構成しつつその空間にふさわしい自己を演出する必要があるとしても、その人を知る人にとって、同じ人であるという連続性はある程度保たれている。もちろん、その人の身体的特徴や性格、さらにはその人の職業や階層などは成長とともに変化するにしても、重要なのは連続しているという合意である。その連続性は通常、周りの知人のみならず本人にも認識されている。外界を構成する物質、作品、「人」の中心的部分をなす、身体、行動・思考のスタイル、記憶などは、当の相互行為フレームにおいても、外界においても連続しており、これらが、たとえば人のアイデンティティや真偽や価値を決定する根拠となるのである。つまり「同じ人」であるという連続性は、異なる相互行為空間を超えていながらそこに反映されるのである。

人（person）
パーソナリティや個性を付与されつつ、状況における性別、年齢、階層、人種などの社会的カテゴリーをわきまえて行動できる存在（相互行為の能力と資格を付与されうる存在）としての個人の側面に注目する概念である

(2)「人（person）－役柄（character）－役割（role）」関係

活動の相対的自立過程を、活動と外界を媒介する同じ「人」（person）と、その人が当の活動のなかで引き受ける「役柄」（character）と社会構造上の「役割」（role）との間の関係の面から考察することができる。つまり、ある人の社会構造上の役割が何であれ、ある活動のフレームからみると、その活動内での「役柄」がその人の「外見」（appearance）を規定する。しかしながら、「人」と活動内の「役柄」の関係は、両者が相互に完全に自由であるわけでも、完全に一方が他方に拘束されるわけでもない。人の「外見」は、活動のなかで閉じられたものではなく、社会構造上の「役割」やその人自身がもっている基本的特徴などによって影響を受け、その力学（ダイナミズム）のなかで構成され、維持されている。「役柄」を演じているときに外部世界での自分の別の役割の制約を受けざるをえないように、当人の性格、性別、年齢は役柄にいやおうなく反映する。したがって人はある活動を行うとき、外部世界での役割の制約と当の活動によって担う役柄の制約の中間で適当な均衡点を模索することになる。男性の医者は女性患者に対して自分が医者であることを前提として診察行動を行うが、男性であることや年齢、患者の階層や職業に対する自らの意識、普段の性格を完全に無関連なものとしてそこから切り離すことはできない。

(3) キャスティングの許容範囲

誰でもが、ある社会的相互行為場面のふさわしい当事者になれるわけではない。中心的活動の役柄にふさわしい人の許容範囲というものがある。社会的場面に応じて、年齢、性別、職業、学歴などから判断される役柄にふさわしい社会的標準がある。たとえば、演劇の世界では、子どもの役はこの年齢に合った役者しか演じられない。男性を女性が演じるのは難しいし、その逆も同様である。本来の役者の場合は、普段の「役割（役者）」のイメージからかけ離れた役柄を引き受けることが認められるが、それもその人の品位や能力の許容範囲内で許される。また、逆に、役柄における「はまり役」のイメージは、日常生活における振る舞いにまで影響を及ぼすことがある。

さらに、連続している人びとへのイメージ（信頼感や感情を含む）は、具体的な相互行為空間における自己演出の仕方によって簡単に崩れてしまうこともある。たとえば優秀な評価を受けている学者に対するポジティヴな感情が、ある社会的場面のなかでその人をめぐる評価の客観的な基準に対する疑念ないし誤解が示されるような振る舞いがあるだけでネガティヴな感情に変わっていくことは十分可能である。

以上のように、自己についてイメージは個々の社会的場面から相対的に自立しているとしても、つねに社会的な場面でのその人の振る舞いと連動しているのである。

しかしながら、その連動性をコントロールする余地がないわけではない。そのメカニズムをみるためには、アイデンティティの概念に眼を向けなければならない。

第六章

アイデンティティ（identity）と自己（self）

一 アイデンティティ（identity）の諸相

(1) アイデンティティをめぐる問題

自己は、つねに他者の眼にさらされ、それを意識しながら自己を演出しているとするならば、自己の根拠となるものは何なのだろう。そこで、ここでは自己とアイデンティティの関係について考えてみよう。アイデンティティとは、自己の存在証明、あるいは「自己同一性」などと訳される。

一般に、リスク社会のなかで生きる現代人は、自分の人生は自分で切り開くことを強く促す社会制度への適応を迫られるのであり、すでに親や他人をモデルにすることができない現代の青年期の若者ばかりでなく、その後の成人期における職業の

喫茶室

一般にアイデンティティの概念は、現代の人間が青年期においてとくに「自分が何者であるか」についての問いが先鋭な意味をもってくることに注目したエリクソン（Erikson, E.H.）が提起したことで知られるようになったもので、社会心理学の分野で主として論じられてきた。たしかにこの概念は人間発達の段階をふまえた個人の自己の確立を扱うという意味では心理学的なアプローチが重要となるが、エリクソンはアイデンティティの危機を社会の歴史的な文脈のなかに位置づけており、とくに近代人にとってアイデンティティの危機を抱える背景を社会の構造的特質のなかに見出そうとしたことから、社会学においても重要な意味をもつ。アイデンティティは、一九六〇年代の終り頃全世界に広まった学生運動のなかで、大人社会に対する「怒れる若者たち」や、ジェンダー論、人種・民族差別論の文脈でも用いられるようになる。それはマジョリティに対するマイノリティの周縁化の過程、またマイノリティのアイデンティティの模索などの問題として論じられるようになる。さらに一九九〇年代以降は、東西ドイツの統一と旧ソビエト連邦の崩壊にともなう国家の枠組から解放された民族間の対立、グローバリゼーションの過程とともに顕在化してきたディアスポラ（世界に離散しているユダヤ人、華人など）、多文化主義、エスニシティといった概念とのかかわりのなかで、アイデンティティは重要な意味をもつものとなっている。これらは対面的なコミュニケーションの観点からみても、きわめて重要な問題を提起するものである。

再選択、第二の人生問題などの心理的な不安を考えると、現代人の人生デザインの中心部分にあるのがアイデンティティの危機であるといってもよいかもしれない。

(2) アイデンティティの三つの相

エリクソンは、個人のなかでの、社会のマジョリティからみた自己のイメージ、マイノリティとしての自己イメージの間のコンフリクトを問題にした。ゴフマンは、これとは異なる仕方でアイデンティティの概念を定義し、差別やスティグマ（烙印）の問題を扱っている。とはいえエリクソンもゴフマンも、社会や他者の側からみた自己のイメージと個人が主観的に抱く自己のイメージの間の関係に注目している点では共通している。ゴフマンは、『スティグマの社会学』において、「アイデンティティ」を三つの側面に区別している。

社会的アイデンティティ（social identity） 他者の視点からみた社会的カテゴリーとしての自己。たとえば警官、医者、看護婦などの制服は、職業を示すものであり、それによってその人の存在の根拠を呈示している。したがって、社会的アイデンティティは、特定の人に固有なものではなく、多くの人を包含するカテゴリーである（社会的アイデンティティに近いものとして、社会構造的背景とは異なり、身体的要因を源泉とする一般的カテゴリーに、「身体的カテゴリー」がある。たとえば、背の高い人、やせた人、大柄な人、小柄な人などは、人を分類する際の一般的なカテゴリーとしてよく用いられる）。

個人的アイデンティティ（personal identity）　個人がもっているその人にしかない特性に注目した概念である。たとえば、指紋、顔、後姿、などの身体的特徴、また学生証、免許証などの氏名、学籍番号、免許証番号のような個人番号、他人から見たその人に固有のくせ、しぐさ、性格、物の見方や考え方などは、すべて個人的アイデンティティの根拠である。したがって、人を見かけた場合、その人が誰であるかをその人以外にはあてはまらない特徴によって判断する場合、われわれはその人を「個人的アイデンティティ」に基づいて判断している。また、優しそう、恐そうなどといった身体イメージも個人的アイデンティティの一部を構成する。個人的アイデンティティも、社会的アイデンティティと同様、基本的には他者の視点から個人に付与されるものである。

エゴ・アイデンティティ（ego identity）　自分についての他者の評価や指摘をふまえて自ら主観的かつ反省的、再帰的に対象化するような自己イメージである。一般に使われているアイデンティティの概念、あるいはギデンズ（Giddens, A.）の「自己（self）アイデンティティ」の概念もこれに近い。ただ、ギデンズの場合は、「生活史という観点から自分自身によって再帰的に理解された自己」と定義されている。

ここでいう「生活史」（biography）は、これまでのあるいは今後をも含めた「個人の人生」というスパンをもってイメージされる自己であり、特定の社会的状況の時間と空間を超越している点が重要である。しかしゴフマンは、そのようなエゴ・アイデンティティが具体的な社会的状況に関わる側面にとくに限定して論じようとしている。

(3)　アイデンティティを媒介とした社会過程としての自己

以上の三つのアイデンティティは、社会的状況において、自己を呈示するさいにすべてかかわってくる。たとえば、その場に居合わせる人が、その場面のなかで呈示しなければならない自己は、まず当事者との関係のなかで割り当てられる社会的アイデンティティに基づく自己（たとえば、店員と客、教員と学生、親と子、兄弟姉妹、見知らぬ乗客同士など）である。また、それらのカテゴリーとしての社会的アイデンティティを演じる人は、その人にしかない特徴をもった特定の個人的アイデンティティを存在証明とする個人である。だからこそ、多くの人に適用可能な社会的カテゴリーではあっても、その演出の仕方は人それぞれすべて異なるのである。そこにおいてこそ、「その人らしい」演じ方が観察されるのであり、その人の個性が表現される。また、ある場面である社会的自己を演じることが、その人のエゴ・

アイデンティティ確認の資料となるばかりでなく、個人は社会的状況のなかで、その時点でのエゴ・アイデンティティを意識して、それに適合的な自己を演じようとしたり、そのような自己のイメージを隠したり抑制しようとするのである。

自己は、アイデンティティを媒介にした社会過程であるといえよう。アイデンティティは、自己という社会過程が状況のなかで成立するさいの存在証明なのであり、自己が成立するための必要な条件である。

二　アイデンティティと自己の印象管理

(1)　自己呈示（演出）を通して読み取られる「アイデンティティ」

われわれは意識的、無意識的に人に見せたくない自分を隠し、人に見てもらいたい自己を表現するべく自己を演出していることが多い。これをゴフマンは印象管理という。それは社会的アイデンティティに基づく自己の演出をも当然含んでいる。そこには、ある役割を背伸びしながら演じる自分や控えめに演出する自分がおり、さらには自信たっぷりな自分や自信を失いかけて不安そうな自分がいる。この過程が自己呈示であり「さまざまな自己演出」である。しかしながら、まさにわれわれの自己演出の仕方からこそ他者の抱くわれわれのイメージ（個人的アイデンティ

役割距離　ある状況におかれた個人がその状況において期待される役割と、当人が実際に呈示する役割遂行の間の乖離を意味する

ティ）がつむぎだされるのである。個人的アイデンティティとはあくまで他者の視点からとらえられた自己の存在証明なのである。

ゴフマンのいう「役割距離」は、周りの他者に当人のアイデンティティに関する基本的データを提供する。五歳の男の子がメリーゴーラウンドでとっぴな乗り方をする場合、当人の主観的自己イメージとしての「エゴ・アイデンティティ」は、いやおうなく当人にかかわる「社会的アイデンティティ」の呈示の仕方を通して、他者の眼に「個人的アイデンティティ」として映ることになる。つまり、「僕である」ことは、「五歳の男の子である」ことを通して、「役割距離」に反映されるのである。役割距離は、当人の年齢、性別、階層、職業、人種、民族などの社会的アイデンティティに基づく自己を演出するさいに、その演出が、当の状況で期待される（と相手が認識する）役割にたいして照射する影の幅でもある。したがって、それらは、一方では「個人的アイデンティティ」の資料となるばかりでなく、他方でかなりの程度まで「社会的アイデンティティ」類型一般化のための資料にもなるのである。またその一部は、期待される社会的アイデンティティと当人が実際に示すことのできる社会的アイデンティティの間の乖離（スティグマの生成根拠）でもある。

(2)「個人的・社会的アイデンティティ」と「エゴ・アイデンティティ」のダイナミズム

自己の存在をわれわれ自身が意識しはじめるとき、われわれは、他者の眼に映る個人に固有のイメージ（個人的アイデンティティ）や同じく他者の眼に映る社会的カテゴリーの一員としての自己イメージ（社会的アイデンティティ）の根拠となる自己の演出方法（自己呈示の方法）を対象化し、それらについての自らの主観的自己イメージ（エゴ・アイデンティティ）をつくりあげるのだといえよう。それが進行する過程で、他者から見られる自己のイメージと自分のなかでの主観的自己イメージとを照合しながら、そのギャップを埋めるべく努力をしたり、逆に、周りの他者は本当の自分をわかってはくれないのだと開き直ったり、あるいは自分はやはりだめな人間なのだと落胆したりもするのである。かくして、他者から見た個人的アイデンティティと社会的アイデンティティ、そしてエゴ・アイデンティティというアイデンティティの三つの側面は、つねに相互にダイナミックな関係のなかに置かれる。それらのダイナミックな関係のなかにある過程こそが「自己」であるといえよう。重要なことはそのような自己過程は、社会過程でもあるということである。

三　アイデンティティをめぐる基本的問題

(1)　自己喪失とアイデンティティの危機

自己喪失とは、社会的状況のなかでアイデンティティが見失われることによってコミュニケーションができなくなる状態である。それは、社会的アイデンティティ、個人的アイデンティティ、エゴ・アイデンティティの各次元において生じうる。

ある社会的場面のなかで、自己あるいは他者の社会的アイデンティティが曖昧になる状況がある。たとえば、デパート売り場のアルバイト店員として働いているときに、ゼミの先生が客として現れた場合など、両者とも相手を知ってはいるがそれほど親しくない場合、どちらの自己としてふるまったらよいのか戸惑うことがある。これは知り合いが出会う社会的状況において、それぞれの自己のいずれの社会的アイデンティティを中心に呈示したらよいのかについての戸惑いである。しかも、それぞれ相手がどのように自己呈示するかによって、自己の対応を切り替えなければならない。

個人的アイデンティティについても、同様である。たとえば、ある人から声を掛けられたとする。その人は自分のことを知っているようであり、自分にも相手の顔に見覚えはあってもどういう関係の誰であるのかよく思い出せないような場合、自分がどのような自己として対応すればよいのかわからないことがある。確認できる相手の個人的アイデンティティ（たとえば顔）が、自分の社会的関係のなかに辿ることのできるその人の別の個人的アイデンティティ（たとえば近所の理髪店の店主）と照合できない場合、われわれはその人との社会的関係を構成することができず、自己呈示がスムースにできないことがある。

実際には、それぞれの場面に応じた適切な自己を演じる要請に応える柔軟性をもちながらも、それぞれの場面での多様な自己呈示の一貫性に、また逆に、非一貫性のなかにも、それぞれの個人的特徴が現れる。それが、他者の眼には「あの人らしい」とか、「あの人はよくわからない」と映るのである。それは他者の眼に映る「個人的アイデンティティ」であり、当人の主観的なエゴ・アイデンティティ喪失とは別次元の問題である。

エゴ・アイデンティティについていえば、現代人のアイデンティティ喪失の危機はこの概念にかかわるといえよう。エゴ・アイデンティティは、ギデンズの指摘するように、個人の「生活史」の観点から理解される自己イメージである。したがって、年齢とともに、あるいは社会の変化や当人がおかれた状況によってその焦点は変化する。通常、われわれがさまざまな人と接する社会的状況は、時間的、空間的に分離されており、それぞれの場面において呈示している自己が異なるにしても、そのことを自ら意識する機会は少ない。したがって、われわれは日常生活のルーティーンのなかで、そのような深刻な問に直面することは少ないのであり、エゴ・アイデンティティの喪失といった事態は回避されている。個人はつまり一人になる状況において、自己の生活史のなかで自己の経験を振り返り、主観的にその一貫性についての自覚がもてないことや疑問を感じるようなときに、エゴ・アイデンティティの喪失を経験するといえよう。

(2) アイデンティティの焦点の流動化

とくに現代においては、自己の生涯にわたるエゴ・アイデンティティの焦点が定めにくくなっている。モダニティの時代には職業が個人のエゴ・アイデンティティの中心部分を占めており、それにあまり疑問をもつことがなかった。また、性別役割分業が当然視されていた時代には、女性は男性を支える存在として自他共に認識されがちであった。しかしながら、女性の社会進出が進み自らが職業をもち始めると、そのような見方は通用しなくなる。また現代人は、転職の可能性も増えるとともに、仕事がすべてであるという認識は弱まっており、さまざまな社会的活動や学習活動、あるいはスポーツや趣味の領域において、秀でた能力を発揮することも多い。そのなかで引き受けなければならない社会的アイデンティティのカテゴリーは増えている。また他方では、仕事の領域と余暇の領域での自己呈示の違いや、過密なスケジュールのなかで異なる時間帯に異なる人びととの関係のなかで異なる自己を呈示する機会が多いことや、人種や民族を異にする人びととの付き合いが必然化するなかで、われわれはさまざまな場面で呈示する自己の間の一貫性や統一性に敏感にならざるをえない。そのような混沌とした状況のなかで、現代人にとって自己の生活史の観点からエゴ・アイデンティティの焦点を定めることは、ますます困難になってきている。

エゴ・アイデンティティの喪失がより直接的な問題となるのは、異質な人同士の出会いのなかで、カルチャー・ショックや、人種や民族、ジェンダーなど差別にかかわる意識をよび起こされるような状況に直面するときであろう。われわれはそのようなときに、エゴ・アイデンティティを強く意識し、それまでの自己イメージについての自問自答を開始するといえよう。

(3)　ハイモダニティにおける人生プロジェクトとしての自己

ミードの自己は、つねに過去、現在、未来の広がりをもつ社会的行為パースペクティヴのなかでの登場人物、すなわち、自己を、人の一生を含む始まりと終わりのある一連の物語のなかに位置づけられた役柄とみなすことができる。また、ゴフマンの、具体的な対面的社会状況におけるアイデンティティと自己のかかわりについての考察は、現代アメリカ中産階級を対象としたものである。しかし、これらをふまえて、ギデンズは、アイデンティティと自己の問題をモダニティとのかかわりにおいて考察することによって、その歴史的位置づけをはかった。

現代人にとっての自己は、対面的社会状況のような短期的な時間空間の複合体のなかでその存在証明を得るわけではない。ギデンズによれば、現代人の自己アイデンティティは、「生活史という観点から自分自身によって再帰的に理解された自己である」（ギデンズ　二〇〇五　五七）。ギデンズは、自己の生活史というコンテクストにおいて再帰的に構成される人生の物語のなかでの自己イメージを、「自己アイデンティティ」（ここでいうエゴ・アイデンティティ）とよんでいる。エゴ・アイデンティティの実存的問題とは、標準的人生を喪失した現代人にとっての自分の存在の意味とアイデンティティへの問である。それは、自分自身で再帰的に構築するほかない生活史の脆弱性に結びついている。エゴ・アイデンティティは、特定の物語を進行させる能力のなかにあるもの、すなわち、自己は、人生の物語を再帰的につくりあげていく個人のプロジェクトとして把握されるのである。

（4）　人生経験の世代・場所からの脱埋め込み化

伝統的社会においては、人生は外的な自然および自明視された習慣に適応する社会生活のなかで、住み慣れた場所と世代間の継続性という時間・空間のなかに埋め込まれていた。ところが近代の社会生活は、場所や血縁の秩序から解放されるようになり、個人の人生もそれらの秩序から脱埋め込み化されてくる。しかしながら、それは同時に新たに生成してくる産業構造と核家族や新たな階層構造に適合的な標準的人生モデルへの、人生の再埋め込み化の過程を迫られるのである。

ところが、現代のハイモダニティの時代には、人生は、諸世代の標準的ライフサイクルからも解放（脱埋め込み化）され、ライフサイクルという概念そのものが意味を失う状況へと投げ出されるようになる。そこでは誕生、青春期、成人、結婚、死などの人生の主な転換期にかかわる従来の通過儀礼が衰退し、このような転換期の危機における心理的不安に対処する個人は、エゴ・アイデンティティ自体の危機を感じるようになる。そのような危機に再帰的に対処する能力を身につけることを余儀なくされることにより、ハイモダニティにおける人生は自己決定と自己責任を強調する社会の制度的仕組みのなかに再埋め込み化されるようになるのである。

四 現代社会における身体表現と自己

(1) 現代人の自己演出における身体

自己は、一方では、身体を媒介として、身体を通して維持されるものであり、他方では、自己は身体化されているがゆえにつねに他者に対して「表示されている」。身体のこの二つの側面について、現代社会における自己は再帰的にモニタリングを行っていかなければならない。自己は身体を通じてつねに同じ自己であることを自分でも確認しつつ、他者に対しても呈示することによって、自分にとっても他者にとっても「信頼」される存在として再構成されなければならないのである。それは、逆にいえば、現代人にストレスを蓄積するとともに、個人的アイデンティティを操作することによりさまざまな自己を演じることが可能であることと相まって、現代人の変身願望を生み出しているともいえよう。たとえば、特定の時間と空間においてアニメのコスチュームに身を包んで、日常の世界とはまったく異なる自己に変身したり、あるいはパソコンの画面を通したサイバースペースにおいて、さまざまなアバターを介して見知らぬ他者とのコミュニケーションを楽しんだりする現象として現われている。

アバター
パソコン上の仮想的空間(サイバースペース)において、仮想的な自分の分身として創られる自己のイメージであり、他のアバターと相互行為を行う現代の社会では、とりわけ身体の外面に関する自己演出に関心と注意が払われる傾向が強いといえよう。われわれは、もっぱら視覚的な情報の読み取りによって人の性別、年齢、階層、職業などの社会的属性を判断し、人の表情によってその人の心理状態や自分に対する態度を読み取るばかりでなく、自己のアイデンティティを身体によって表現することにますます注意を向けるようになっている。しかし、状況のなかでの自己演出は社会的アイデンティティから自由に行われるわけではなく、われわれは他者の監視のなかでつねに具体的な社会的場面にふさわしい自己の身体表現を演出しなければならない。そこでは個人の最後の砦とも考えられていた自然な感情すらも演出の対象になっている。

(2)　現代社会における感情の管理（人との相互行為自体が仕事の中心）

現代社会においては、第三次産業を中心とする産業構造の変容によって、人と人の関係が仕事の中心におかれるようになっている。管理職、専門職、事務職、サービス業、販売業、などにおいて、状況にふさわしい人になるためには、自分の感情表現に関する視覚的印象がもっとも重要になっている。感情表現の外面的演出は、職場や職種に限定されるものではなく、いわゆる自由時間のすごし方のスタイルにおいてまで、あらゆる人に重要な課題になっている。それは、素直な人間の感情の管理をもともなうことへの関心から、「感情の社会学」という分野が現われている。

ホクシールド（Hochschild, A.R.）は、「表層演技」と「深層演技」の区別が日常生活にもあるという。①適切な感情またはその表出を作り出す、②不適切な感情またはその表出を抑制する、という操作が、「表層的」（意識的）水準と「深層的」（無意識的）水準のどちらにおいても行われる。われわれは、日常生活のなかで自らのおかれた社会的状況において、その場で期待される感情表現を、「表層演技」レベルばかりでなく「深層演技」のレベルでも、自分の素直な感情として生み出さなければならないと感じる（たとえば葬儀の場では悲しい気持ちや表情にならなければならないと感じる）。このような、自己の感情と期待される感情の食い違いを経験することはあるが、ホクシールドは、それが損得勘定によって行われたり、商品化されるとき、「自己疎外」が起こることに警告を発した（ホクシールド　二〇〇〇）。

五　アイデンティティとスティグマ

(1)　スティグマ（stigma）─分析用具としての「アイデンティティ」

ゴフマンのアイデンティティ概念は、「スティグマ」という現象の分析を試みる概念用具として用いられており、差別の問題についての切り口の一つを提供する。

表層演技と深層演技
前者では、俳優は登場人物の考えや気持ちを、表情、しぐさ、姿勢、声の調子などを制御して表現する。後者では、訓練された想像力を駆使するという方法で、登場人物にふさわしい感情がじっさいにおよび醒まされる。そのときに、俳優は自分が演技をしているのを忘れる状態になるという

スティグマ
一言でいえば、人に外部から付与された烙印のことである。しかしゴフマンはのちにみるように、この見方を相対化し修正を加える

スティグマはギリシャ語では身体の傷や障害を意味したが、ゴフマンは、これを人の性格や過去の経歴など、外部から見えない欠点などをも含むものとして用いている（ゴフマン　二〇〇一）。スティグマの概念によって、一般に「逸脱行動」とよばれる現象にかかわる問題を、規範の遵守の問題としてではなく「信頼喪失」の問題として再構成する。その際に分析用具として用いられるのが「アイデンティティ」の概念である。

他者から見た社会的カテゴリーとしての自己の存在証明である社会的アイデンティティは、ある社会的状況のなかで期待されるアイデンティティ（virtual social identity）と、実際に人に示すことのできるアイデンティティ（actual social identity）の二つに区別しうる。ゴフマンは、この両者のズレに注目してスティグマの成立過程を分析する。つまり、このズレの大きさは、当の個人についての信頼を失わせる要因となる。社会的状況のなかで期待される社会的アイデンティティに基づく自己を十分に演じられないことが、スティグマを発生させるきっかけになる。

また、他者から見たある人に固有の特徴を存在証明とした個人的アイデンティティによって、スティグマの処理における情報操作の役割を分析することができる。個人に固有の履歴（悪い成績、犯罪歴、病歴など）は、スティグマとなりうる要因であり、人は、通常、これらを制御しようとする。たとえば、犯罪歴などは人に知られることによって差別のきっかけになるのであり、これを隠すことによって信頼喪失を防ごうとする。そのような個人的アイデンティティにかかわる情報操作が、スティグマ処理の過程で観察できる。

エゴ・アイデンティティの概念によって、スティグマを付与される恐れのある人が、スティグマ生成への不安や、信頼を失う恐れのある情報の処理に関してどのような感情を抱いているかを分析することが可能となる。

たとえばアメリカ社会において、アフリカ系黒人、ユダヤ系の人などは、自らの人種や民族の誇りをもっている。しかし他方で彼らは、アングロサクソン系の人に期待される振る舞いを身につけることの有利さを感じることがある。また、身障者は、健常者と対等に振る舞うよう助言されてそのように振る舞うことに屈託を感じることもある。ところが彼らは、自分を前にした健常者が抱く戸惑いの表情に優越感を抱くこともある。そのようなアンビバレントな感情は、かれらを「自分が本来所属すべき集団（内集団）」と「一般の外集団」とを区別することに敏感になるように仕向けざるをえない。その結果、これらの人びとは社会的場面での人間関係を観察する鋭い観察眼を身につけることが多い一方、自分が本来所属すべき内集団の属性（たとえば民族特有のアクセントなど）をそれ以外の人に挑戦的に誇示して相手を困惑させる場合や、逆に身障者が健常者と対等に振る舞うようにという助言に

内集団と外集団
前者は自分が本来所属すべきであると主観的に感じる集団、後者は所属していないか所属していても主観的に違和感を感じている集団をいう

あまりに素直に従って健常者を戸惑わせないよう配慮するような場合もみられる。
これは、スティグマを属性とみなしがちな一般常識への痛烈な批判であるとともに、スティグマを通して、すべての人びとの信頼喪失のメカニズムへの解明への関心を示しているのである。

(2)　自己の信頼性とスティグマ

「スティグマのある人」の具体例として、身体に障害がある人、犯罪歴のある人、その他法律にふれるわけではないが過去に問題のある人（医者や弁護士の失敗、経歴詐称、病歴等）などが挙げられている。しかし、そのあとで、ゴフマンはこのようなスティグマ概念を修正する。スティグマは属性ではなく関係概念であるというのである。

スティグマは具体的な人間個人の属性を指すものではなく、人がそれぞれのおかれた状況のなかでとるパースペクティヴ（ゴフマン　二〇〇一　二二五）のズレによって生じるものである。したがって、健常者とかスティグマをもつ人という言い方を超えて、スティグマはあらゆる人が他の人とのかかわりのなかで共通に抱える問題（自己の信頼性喪失と獲得の可能性）を象徴する概念である。だからこそそれは、具体的な社会的コミュニケーション状況において、自己が「信頼性を高めたり喪失する」社会的メカニズムを暴くための戦略的意義を有するのである。

ゴフマンがスティグマを研究対象にすることによって明らかにしようとしたことは、状況における差別の生成メカニズムだけではない。むしろ人への信頼は相互のコミュニケーションのなかで維持されるがゆえに脆弱なものであり、したがって相互のコミュニケーションのなかで失われる可能性があることである。

第七章

信頼性と多元的現実における自己管理

一　現代人の社会的コミュニケーションと信頼性

(1)　信頼性とは何か

通常、「信頼性」は、人、モノ、コトが自分の「期待するように動くことをあてにすること」として定義される。社会学においては、哲学における実存的不安の状態を克服する社会的メカニズムとして「信頼」をとらえようとする。たとえば、ルーマン（Luhmann, N.）は、社会の複雑性を縮減する機能として信頼を把握しようとする（ルーマン　一九九〇　一）。これに対してギデンズは、自己や他者そして事物世界の存在の意味への問からくる実存的不安を括弧に入れている、それらへの「自然的態度」が「存在論的安心」をつくりだしているという視点から「信頼」を定義する。

「生命を維持することは、身体的意味でも、心理的な健康の意味でも本質的にはリスクにさらされている」（ギデンズ　二〇〇五　四三）。偶然的出来事から生じるリスクに対して、自己および他者そして周りの物理的環境から、われわれが日々の社会的相互行為のコンテクストを構成し再構成しているのは、偶然的出来事およびそれを背景として行為する自己や他者、そして周りの環境の存在の意味への疑問と不安を括弧に入れ、それらを自明のものとする自然的態度である。もちろん文化によって意識的なシンボリックかつ認知的説明も与えられるが、むしろ「存在論的安心」を支えているのはルーティーンの非意識的実践だという。ギデンズは、このような自然的態度によって実存的不安が意識に上るのを防ぐことによって得られる安心を「存在論的安心」とよんだ。そして、そのような自然的態度のなかにある「存在論的安心」の感覚をつくりあげているのが、「基本的信頼」である。

信頼は、日常的ルーティーンが習慣への盲目的依存によって維持されていることを意味するわけではない。信頼は「未知なるものへの飛躍」を意味するのであり、つねに新しい経験を受け入れる準備がなければならない。信頼することは、喪失することの可能性を引き受けることである。

(2)「基本的信頼」と「一般化された信頼」

ギデンズによれば信頼は「基本的信頼」と「一般化された信頼」に大別される。基本的信頼は、相互行為を可能にする、自己、他者、環境に対する信頼である。相互のやり取りによって相互の目的を達成する相互行為は、つねに現在の状況を未来のために利用することであるかぎり、相手に対する信頼がなければならない。相手が期待に応えてくれないかもしれないという不安を括弧に入れることができるためには「基本的信頼」が必要となるのである。ところで、非言語的メッセージとしての儀礼を相互に受け入れる身体的メカニズムを支えている基本的信頼の中心的部分は、ギデンズによれば情緒的コミットメントであるという。これは、野村雅一のいう「共生的身体」の基底部分をなす「感応的身体」を思い起こさせる。「未知への飛躍」を可能にする「基本的信頼」の基礎には、「感応的身体」があると考えられる。

当事者たちの視野に入る空間の背後に、本人が潜在的にかかわっているさまざまな出来事がある。たとえば、地震の発生可能性や通り魔に会う可能性、これから乗ろうとする電車のダイヤの乱れ、さらには家にいるはずの家族やペットの安全、職場での取引先とのトラブル、考え出したら不安の材料は無限に出てくるであろう。それらについての不安がすべて頭をもたげるとしたら、街路を歩く行為すら不可能になってしまう。われわれは通常、目前の行為の状況の背後に想定される偶然的出来事への不安を括弧に入れて意識に上らないようにする心理的メカニズムを働かせているのであり、このような信頼は、一般化された信頼とよばれる。通常、目前の相互行為をやり遂げるための関心によって偶然的出来事への疑念は括弧に入れられている。

(3) 認知的レベルの信頼と人格への信頼

基本的信頼は、「状況の定義づけへの信頼」を意味するといってもよかろう。それは、「ここで起っていることは何か」についての認知的フレームへの信頼であり、そのなかで相互行為する人びとの役柄（社会的カテゴリー）と相互の関係についての信頼である。それは、通常、当事者の一人の儀礼的行為に対して、その儀礼が期待するように他の当事者が儀礼的行為を返してくれれば保障される。そのような信頼は、今自分が経験している社会的場面が自分の知識のなかにある認知的カテゴリーに一致することによって保障されるという意味で、「認知的レベルの信頼」とよんでおこう。

しかしながら、そのような場面でも、相手が期待通りの反応を示してくれない場合には、その信頼は保障されないことになる。それは、当事者となる人の期待に反する振る舞いによって引き起こされるものであり、認知的フレームの誤認がある場合と、当事者の「人格への信頼」にかかわる場合とが区別されよう。ゴフマンが「期待される社会的アイデンティティ」と「実際に示される社会的アイデンティティ」の乖離によって定義した「信頼を失う」事態は、後者の例に当たる。またよく知っている間柄であれば、「君を見損なったよ」というせりふは、個人的に信頼する相手が自分の期待したとおりの行動をとらなかった場合に発せられよう。このようなレベルの基本的信頼は、認知的レベルの信頼であるよりは「人格への信頼」とよぶべきであろう。とはいえ、両者はつねに密接にかかわっており、コミュニケーションの過程で信頼性の獲得と喪失はつねに両者を巻き込みつつ進行する。

人格への信頼
これについては、「能力」への信頼と「誠実さ」への信頼の二側面を区別することができよう

二　経験フレームおよび対人関係への信頼を揺るがす要因

(1)　経験フレームの脆弱性

通常は基本的信頼に基づく儀礼的行為のやり取り（コミュニケーション）によって、自然的態度のもとで経験のフレームは構成され再構成される。経験のフレームによって成り立つあらゆる活動は、一般化された信頼のもとで、その背景としての社会生活自体が維持されていても何らかの理由で信頼に応える過程が阻害されると、

今何が起きているかについてのわれわれの感覚はあやふやとなる。

フレームの揺らぎは、当事者の参加意欲の喪失やしらけによって起こるようにみえる場合でも、実際には、それが「今ここで起こっていることがわからなくなる」という認知的レベルでの喪失経験（経験喪失という経験）に結びつくことによって引き起こされる。基本的信頼は、認知的レベルでのフレームへの信頼が前提となって、相互行為への没入や関与を支えているといえよう。したがって、そのような認知的フレームの揺らぎの一般的源泉（Goffman 1974 444-448）を探ることは、それを維持するメタコミュニケーション過程を探ることにつながる。

(2) 経験フレームおよび対人的関係の信頼性を揺るがせる一般的源泉

誤りやすい環境　日常生活において、知り合いだと思って声を掛けたら「人違い」であることに気づき、当惑することがある。また、教室を間違えて入っていって授業を始めてしまう教員もいる。このような状況は、ゴフマンが「フレーム誤認」とよんだものである。これは基本的信頼に支えられていた自然的態度が、相手に受け入れられないメタコミュニケーションの不全状況を指す。どんなに短い活動でも、フレーム誤認は生じうる。その条件は、似ている人、同じような教室、同じようなつくりの家など、誤りやすい環境である場合が多い。われわれの基本的信頼は、厳密な確認の上に成り立っているわけではない。したがって、このような基本的信頼を逆手にとると、作為的な意図、不道徳心、遊び心をもって、そのような環境をつくりあげ、それにふさわしい儀礼を行使しさえすれば、フレーム誤認を相手に引き起こすことが可能であることになる。

制度的権威・物理的強制力　出版物やテレビなどは制度的にある程度まで裏づけのある情報を伝えているという認識があり、そこから発せられるメッセージの解釈フレームが大きな力をもつことはよく知られている。また、法廷が有罪判決を下す例は、法制度の権威への信頼が、出来事の解釈フレームを法に委ねるわれわれのメタコミュニケーションを可能にすることを示している。さらに、窮地に陥った人が相手を銃で脅す場合、銃の行使する暴力は状況の定義づけのなかでの当事者の立場を逆転させる源泉となる。これらは、われわれの、あるいは相手の解釈フレームを排除したり押しつぶす力を発揮しうるメタコミュニケーションである。

不道徳心・裏切りの意図　市場的価値のある秘密情報も、信頼感・忠誠心にのみ依存している。情報はそれが手元に残されたまま移転したり伝達されうる。組織の秘密情報を握る人間が、その情報を外部に漏らすかどうかは、組織への忠誠にのみ依存している。したがって、市場性のある情報を保有する人は、忠誠を示すメタコミュニケーションを行いながら裏切りの意図をもつ人に対してきわめて脆弱である。

(3) 親密性と信頼性

私的(親密な)関係ほど脆弱性が高い 「公的関係」よりも「私的(親密な)関係」の方が脆弱である。つまり信頼性を失う要因が働きやすくなるのである。第一に、親密になればなるほど、相互の親密さによってもっぱら両者の信頼関係が維持され、他の影響の源泉から切り離されるようになる。第二に、親密であるがゆえに、愛情、忠誠心、尊敬の念は、双方にとってそれぞれの内部から生じると考えられている。したがって、相手に拒絶されると瞬く間に両者の関係は崩壊してしまうことになる。第三に、親密な者同士の関係は、どちらにとっても自分の世界の重要な一部をなしており、これを偽装しようとすること自体が双方にとって筒抜け状態になる。したがって、第四に、一方が他方を、誤りを犯したとか、不誠実であると疑いはじめると、一緒に経験している出来事そのものが偽装であると疑うようになる。第五に、親密な関係においては、相手の自分に対する「真」の感情がつねに中心的かつ持続的争点であり続けるため、どこかに疑念が生じると日常生活全体にそれが及んでしまう。お互いの関係が親密であることを確かめ合うメタコミュニケーションは、その関係の脆弱性を相互に確かめ合うことに他ならないということになろう。

家族関係の親密性と信頼性 家庭というものは、親密な関係に疑念を生じさせる要因を多く含む装置である(もちろん家庭で、つねに偽装が行われているというわけではない)。たとえば、夫婦が共働きであったり、子どもが個室に閉じこもったりすることで、成員同士が時間・空間的に隔離される度合いが高まると、お互いに信頼していることが前提にあるため、一方が他方から情報を隠しておくことが容易になる。したがって、日常的な会話を支えている事実関係レベルの自明性のメタコミュニケーションにほころびと疑念が生じた場合には、信頼を一挙に失う可能性が高まることになる。

表現と親密な関係　言語表現が偽装可能であることはもとより、身体表現は、その人の感情、態度、性格を表していると考えられているがゆえに偽装可能である。親密な関係とは、双方がつねにお互いに親しみを表す外見を示していなければならないという定義が存在するかぎり、本心を偽り、「外見」によって親密を装うメタコミュニケーションが可能となる。それを見抜くことも重要だが、それが本心である場合も偽装である場合も、ある「外見」を生み出す別々の動機がありうるということを意識しはじめるとき、二人の世界は脆弱にならざるをえない。本心と違う表現をもつことは、親密な関係にとっては致命的とされるのである(Goffman 1974 459–462)。

三　関与配分と自己の管理

さて、以上見てきたような信頼の維持と喪失にかかわるもう一つの重要な条件についてふれておこう。それは、社会的状況のなかで要請される関与配分と自己の管理の問題である。

(1) 関与配分と自己

完全な没入と関与　我を忘れさせる完全な没入は、心理・生物学的過程であり、努力や意図によって維持できるものではない。これに対して、「関与」(involvement)とは、社会的状況のなかでのさまざまな要因によって変化すると同時に、ある程度まで参与者のコントロールが可能なものであり、しかも関与の増大や減衰は、他者に依存するとともに他者に波及する。没入はフレームへの識別力を鈍らせるのに対して、関与は状況において適切に配分されることによって、フレームの識別力を維持する機能を果たしている。フレームは経験に意味を付与するばかりでなく、関与の程度を規定する。フレームには関与の上限と下限を規定する規範的期待が存在する。コミュニケーションは、メタコミュニケーションを通じてフレーミングにおける関与の適切な配分をともないながら進行するといえよう。

支配的関与と従属的関与、主要関与と副次的関与　ゴフマンは、関与の二つの分類軸を設定し、関与の類型化を試みる。一つは、状況的システムの側からみた関与の類型であり、支配的関与（dominant involvement）と従属的関与（subordinate involvement）とよばれる。前者は、そこで行われている活動の観点からみて参与者に中心的なものとして期待される関与であり、従属的関与は、その中心的関与からみて周辺的な関与である。たとえば、結婚披露宴において新郎と新婦の振る舞いに注目することが期待される関与が支配的関与であり、歓談している間、招待者同士が新郎や新婦とは関係のない仕事の話をするのが許されるのが従属的な関与である。これにたいして、参与者の側に注目した類型として、主要関与（main involvement）と副次的関与（side involvement）がある。これらは、参与者の視点からの分類であり、授業に出席している際に、当の授業の内容への関心は副次的関与であって、主要関与は次の授業の準備をすることである例などを挙げることができよう。

関心抑制（disattention）と関与配分　結婚式や葬式その他の儀礼的な活動（支配的関与が主要関与として期待される）において、予想しないことが目の前で起こった場合に、通常人びとの関心はある程度までその出来事に向けられるが、それに対する関心が当事者の主要関与にならないように抑制される必要がある。システム全体からみれば、儀礼の進行に支障がないように、その突発的出来事はあたかも起こらなかったかのように無視され（従属的関与の範囲に抑えられ）なければならない。これは、演劇や儀礼の最中に催した生理的欲求をどう処理するかという問題ともかかわる。つまりわれわれは、経験するフレームのなかで行われる活動の他に、つねに他のフレームでとらえられる活動を同時に経験しており、それらの経験をどう調整するかという問題が生じる。これが、関与配分の問題である。コミュニケーションは、つねにこのような関与配分と関心抑制によって基本的信頼に応えるよう促されるのである。

儀礼的（市民的）無関心　公共的場面では、人びとの相互行為はある共通の焦点をもつわけではない。そこではそれぞれの人が異なる関心と動機をもって空間を構成している。しかし、そこには一定の公共的秩序が作用しているのを観察することができる。とくに車内空間、街路、待ち行列などの公共的な場面では、支配的関与として、「儀礼的（市民的）無関心」の遵守が求められる。これは相手に状況に相応しい存在として、敬意を払うためのルールでもある。したがって、これも関与配分のルールとしての側面をもつ。

公共空間での焦点の定まらない相互行為場面では、それぞれの人に副次的関与がかなり広範囲に許容される。したがって、ケータイで話しながらあるいは画面を見ながら歩いてもとくに大きなトラブルが生じることはない。にもかかわらず、そこには少なからずコンフリクトが発生する要因が潜在しているようにみえる。ケータイ画面を見ながらあるいはケータイで話しながら歩いている人の視線や歩くスピードは、やはり周りの人とは若干異なるばかりでなく、副次的関与としてのケータイ利用が適切な関与配分の注意力を失わせ、街路空間の従属的関与の許容範囲を逸脱し、パーソナルスペースを侵害する可能性は十分にある。

ケータイは、車内でも使うことができる。電車内では、「マナーモードにし、通話はご遠慮ください」というアナウンスが流れるようになっている。これは一方で、現代の車内における「市民的無関心」規範を補足する新たな提案であろう。しかし他方では、このようなアナウンスをせざるをえない状況は、「市民的無関心」の衰退と「儀礼的無視」の規範への変質を反映すると解釈することもできる。ケータイは、ここにいない人とのコミュニケーション空間をつくり出す。通常、焦点の定まらない相互作用空間において、周りの人に「ちょっと失礼」と許可を求める儀礼は存在しない。ところが、ケータイやウォークマンを使用する人にとって、大声で話したり音漏れがするなどそれが車内の従属的関与となわばり感覚の許容範囲を逸脱するほどになると、最初に許可を求め承認しあう儀礼がないだけに、周りの人に不快感と基本的信頼の喪失感を蔓延させる。

喫茶室

市民的無関心（civil inattention）と儀礼的無視（ritual disattention）

現代日本都市の駅構内や電車内での人びとの相互作用をみるにつけ、「市民的無関心」という規範は、どちらかといえば「儀礼的無視」ともいうべきものへと変質しはじめているように思われる。たとえば、人の足を踏んだくらいでは声すら掛けないことが多いし、踏まれた方も「無視」という反応で終ることが多い。これは他者の存在をまったく認めないわけではないが、「市民的無関心」以上に相手に対する関心を抑制し、むしろ言葉を交わす契機を回避したり恐れたりする傾向すら含んでいる。関与配分の観点からみると、車内空間は、多くの人の主要関与が車内空間の従属的関与として許容される、焦点の定まらない相互行為空間である。ところが、現在のように「儀礼的無視」が支配的関与になると、車内でのトラブルのもとそのものが従属的関与のカテゴリーとして無視されることになる。そこにもう一つ、公共空間における他者のカテゴリーの二極化の進行がある。公共空間における他者は、自分にかかわりのある他者か、まったくかかわりのない他者かのどちらかなのである。後者は、社会的カテゴリーすら明確に判断する必要を感じない他者であり、まさに儀礼的無視の対象なのである。そこでは極端に制限された「なわばり空間」のなかで相手に対する感情のみが鬱積する傾向があり、言葉を交わすきっかけが生まれると、鬱積した感情が爆発して極端な攻撃性を示すことがある。たとえば、イヤホンからの音漏れを注意する人に対して、「儀礼的無視」の規範がその言葉をも無視するに至ると、抑制されていた感情の爆発を引き起こすことになる。それはすでに存在論的安心を確保するための「儀礼的挨拶」の無視であり、それによって支えられる信頼を失った状態である。現代日本人の都市の公共空間における「キレる瞬間」の一端は、このような状況のメカニズムにあるとはいえはないだろうか。

指示的トラック
本来のコミュニケーションのチャンネルの外部で、相手に指示を与えるようなチャンネルのこと。トラックはチャンネルとほぼ同じ意味

（2）関与配分と自己呈示のコミュニケーション・チャンネル

関与配分は、いま自分が経験している出来事の内部にも外部にも及ぶ。自己は、その状況における関与配分のルールに従って呈示される。自己は、その場に居合わせる複数の他者に対して、いま自分が経験している出来事のフレーム内の存在であるのか、またそうだとしても当の出来事において自分とどのようなかかわりを有するのかを判断しなければならない。そのような関与配分には、それぞれにふさわしいコミュニケーション・チャンネルが構成、再構成される（Goffman 1974 215–218）。

中心的活動フレームを維持するために、当事者が使い分けなければならないいくつかのコミュニケーション・チャンネルとして、次のようなものがある。これらは、日常的な対面的コミュニケーションにおけるよりも、テレビ番組制作や演劇などの社会的場面でのコミュニケーションにおいて制度化されていることが多い。たとえば、「指示的トラック」とは、当の中心的フレームを定めたり境界づけたりするためのトラックである。これによって、ディレクターの指示などが直接、出演者に伝えられる。「裏チャンネル」とは、中心的活動を維持するための暗黙の了解（会話の途中などで、相槌を打ったりして、「次は自分が話す」ことを暗に伝えるなど）を相互に確認するためのコミュニケーション・チャンネルである。また、「隠蔽チャンネル」とは、中心活動を維持するために視野境界の外側（舞台裏やついたて

の後）で情報を密かにやりとりするためのチャンネル（出演者にディレクターの指示などを紙に書いて伝えるなど）であり、「付加的チャンネル」（overlay channel）は、中心的活動を見失うことなく、従属的関与を可能にするチャンネルである。

人は、これら複雑なコミュニケーション・チャンネルの違いを、それぞれの参与的地位につく相手の役割と自己の役割とともに認識し、それらすべてを使い分ける複数の自己を演じ分けながら中心的活動を維持している。テレビ番組や演劇の場合、中心的活動を維持するために、外部のチャンネルを通して活動全体の流れを理解させ、区切りを明確にするための役割を与えられた参与的地位の代表は、ナレーターである。

テレビ番組のニュース報道などでは、ニュースの内容に登場する人びとの会話、その会話が行われる社会的場面についての解説、ニュースの項目全体の流れを説明するアナウンサーなど、いくつかのコミュニケーションとメタコミュニケーションの入れ子構造があり、それぞれのレベルのメタコミュニケーション・チャンネルが制度化されている。視聴者は、それぞれのコミュニケーション・レベルにおいて伝えられる意味を理解するために、自らの参与的地位の微妙な薄層の襞を、無意識のうちに使い分けているといえよう。

四　身体空間としての社会的現実構成と自己
——まとめに代えて——

コミュニケーションは、身体を有する人間を媒介として行われる精神過程である。「自己は、個人に属するものであるとともに社会過程である」と繰り返してきた。自己は、身体をめぐって構成される。一定の物理的空間を構成する身体は、状況のなかで他者の身体との空間的調整を図りつつ自己のなわばり的空間を構成する。自己のなわばり的空間は、現勢的身体空間を個人的アイデンティティの根拠として、個人ブースやボックスなどのように物理的に設定されるものから、自分の身につけるものや持物によって拡大したり縮小したりするパーソナル・スペースとして、また身体の背後に秘められたプライバシー情報空間としても構成される。しかもそれは状況のなかでの社会的アイデンティティと他者との関係のなかで柔軟にその範囲を変容させる。さらにそれは自己に還元されるものから他者との共謀関係のなかで共有されることもありうる。さらに共謀関係にある他者を裏切る秘密の空間を構成することすらありうる。社会的状況における社会的現実は、一面的ではなく多元的に構成される。多元的な状況のなかで、複数の自己を同時に管理することをわれわれはつねに迫られている。

他方で、自己の存在証明の一つとしての個人的アイデンティティは、同じ身体とその人に特徴的なふるまいや思考方法を基礎としており、簡単にかわってしまっては同じ人であるという確認ができない。現代社会に生きるわれわれは、異なる社会的状況における自己演出の経験を反省的、再帰的に調整しつつ、一貫性をもった存在としての自己（エゴ・アイデンティティ）を再構成することを迫られている。自己は、空間的広がりばかりでなく時間的な広がりをもつ。それは、「いま」を起点として目先の目標をめざすきわめて短期的なものから始まり、自分の生まれから今後の自分の一生を視野に入れた広がりにまで至る。その広がりは、人生として構成される。その人生も、大きな社会の発展の一翼としての人生物語であることもあれば、かけがえのない自分個人の一生に特化される物語の場合もある。

人と人との信頼は、個々の社会的状況における具体的相互行為の過程で、実存的不安を括弧に入れつつ、個人的アイデンティティ、エゴ・アイデンティティ、社会的アイデンティティを再帰的に反映し、自己と他者の関係のなかで構成され、再構成されている。相互行為の多元的空間構成は、コミュニケーションの基盤としての信頼を、一方では当事者の適切な関与配分を通じて強化し、他方では不適切な関与配分を通じて揺らがせつつ、「自己」を再生産しているのである。

信頼が確保されたり失われていく過程をも社会的現実構成の基底的部分であると考えるならば、この無意識レベルにおける儀礼のやり取りをメタコミュニケーションの過程として記述することができよう。このような非言語的レベルの情報の交換も、人と人を関係構成的に分節化し結びつけるメディアの働き、そのレベルでの身体表現・言語表現的メッセージ、その解釈のためのコードやコンテクストに注意が向けられる。しかしそこにみられる過程は、身体社会空間、社会的アイデンティティ、フレーム、関与配分などの概念とのかかわりを考慮に入れることによってはじめて、信頼獲得や喪失のメカニズムを浮き彫りにする。社会的現実構成の過程は、多元的フレームのなかで多元的な自己と他者の関係を多元的チャンネルを駆使して、生成、維持、変容していくメタコミュニケーションの過程としてみることによって、より精緻に把握されるようになるといえよう。

おわりに

一般にコミュニケーションを定義するさいに、発信者、メディア、メッセージ、受信者などの概念が用いられる。本書ではこれらの他に、言語学、記号学などに起源をもつ用語として、コードやコンテクストの概念を付け加えた。それらは、一般にコミュニケーション論に固有の概念であるとされる。しかしながら、人間のコミュニケーションをそれらの概念のみで記述することは困難である。そこで、われわれは、社会学を中心に議論を進めてきた。そのなかでも、ゴフマンの所論に負うところが大きい。

ゴフマンは「コミュニケーション」という用語を、「相互理解」といったようなきわめて狭い意味で使っており、それを分析の対象に据えることもない。しかしながら、ゴフマンは、状況における社会的現実構成について、もっとも詳細に論じている社会学者の一人である。そこで重要なのは、ゴフマンは、具体的な個人が、対面的状況のなかで言語ばかりでなく非言語的なレベルでどのような情報のやり取りを実践しており、そこにどのような秩序がみられるかを明らかにしようとしたことである。われわれは、ゴフマンの社会学をヒントに、コミュニケーションとメタコミュニケーションの関係を重視し、社会的現実構成の過程をコミュニケーション過程として把握する道を模索した。

「対人コミュニケーションの社会学」と題した本書は、基本的に対人コミュニケーションについて、社会学的観点から掘り下げることをめざしたものである。その際に用いた社会学的視点や概念は、とくにゴフマンとギデンズに大きく依存しているが、そのほかに言語学、社会心理学、文化人類学などの知見にも助けを借りている。問題としてのコミュニケーションは、一つの学問領域にとどまることにつねに疑問を投げかける。

二〇〇八年一月

長田　攻一

〈参考文献〉

ベイトソン・G（佐藤良明訳）（一九八二）『精神と自然』思索社

ベイトソン・G（佐藤良明訳）（二〇〇〇）『精神の生態学』新思索社

ブルデュー・P（福井憲彦訳）（一九八六）「文化資本の三つの姿」『actes 1　特集　象徴権力とプラチック』日本エディタースクール

ギデンズ・A（秋吉美都・安藤太郎・筒井淳也訳）（二〇〇五）『モダニティと自己アイデンティティ』ハーベスト社

ゴフマン・E（丸木恵祐・本名信行訳）（一九八〇）『集まりの構造』誠信書房

ゴフマン・E（石黒　毅訳）（一九七四）『行為と演技』誠信書房

ゴフマン・E（石黒　毅訳）（二〇〇一）『スティグマの社会学』せりか書房

ゴフマン・E（佐藤　毅・折橋哲彦訳）（一九八五）『出会い』誠信書房

ゴフマン・E（広瀬英彦・安江孝司訳）（一九八六）『儀礼としての相互行為』法政大学出版局

ゴフマン・E（石黒　毅訳）（一九八四）『アサイラム』誠信書房

Goffman, E. (1974) *Frame Analysis: An Essay on the Organization of Experience*, Harvard University Press.

Goffman, E. (1971) *Relations in Public: Microstudies of the Public Order*, Basic Books.

ホックシールド・A・R（石川准・室伏亜希訳）（二〇〇〇）『管理される心』世界思想社

ホール・E（岩田慶治・谷　泰訳）（一九九三）『文化を超えて』TBSブリタニカ

池上嘉彦（一九八四）『記号論への招待』岩波書店

亀井秀雄（一九八二）『身体・表現のはじまり』れんが書房新社
ミード・G・H（河村　望訳）（一九九五）『精神・自我・社会』人間の科学社
メルロ・ポンティ・M（竹内芳郎・小木貞孝訳）（一九八一）『知覚の現象学』みすず書房
モース・M（有地　亨・山口俊夫訳）（一九七六）『社会学と人類学Ⅱ』弘文堂
野村雅一（一九八三）『しぐさの世界』ＮＨＫブックス
ルーマン・N（大庭健・正村俊之訳）（一九九〇）『信頼―社会的複雑性の縮減メカニズム』勁草書房
渋谷昌三（一九九一）『人と人との快適距離』ＮＨＫブックス
ストラウス・A・L（片桐雅隆訳）（二〇〇一）『鏡と仮面』世界思想社
ヤコブソン・R（田村すず子・長嶋善郎・村崎恭子・中野直子・川本茂雄訳）（一九七三）『一般言語学』みすず書房
山岸俊男（一九九九）『安全社会から信頼社会へ』中央公論社

早稲田社会学ブックレット出版企画について

社会主義思想を背景に社会再組織化を目指す学問の場として一九〇三年に結成された早稲田社会学会は、戦時統制下で衰退を余儀なくされる。戦後日本の復興期に新たに自由な気風のもとで「早大社会学会」が設立され、戦後日本社会学の発展に貢献すべく希望をもってその活動を開始した。爾来、同学会は、戦後の急激な社会変動を経験するなかで、地道な実証研究、社会学理論研究の両面において、早稲田大学をはじめ多くの大学で活躍する社会学者を多数輩出してきた。一九九〇年に、門戸を広げるべく、改めて「早稲田社会学会」という名称のもとに再組織されるが、その歴史は戦後に限定しても悠に半世紀を超える。

新世紀に入りほぼ十年を迎えようとする今日、社会の液状化、個人化、グローバリゼーションなど、社会の存立条件や社会学それ自体の枠組みについての根底からの問い直しを迫る事態が生じている一方、地道なデータ収集と分析に基づきつつ豊かな社会学的想像力を必要とする理論化作業、社会問題へのより実践的なかかわりへの要請も強まっている。早稲田社会学ブックレットは、意欲的な取り組みを続ける早稲田社会学会の会員が中心となり、以上のような今日の社会学の現状と背景を見据え、「社会学のポテンシャル」「現代社会学のトピックス」「社会調査のリテラシー」の三つを柱として、今日の社会学についての斬新な観点を提示しつつ、社会学的なものの見方と研究方法、今後の課題などについて実践的な視点からわかりやすく解説することを目指すシリーズとして企画された。多くの大学生、行政、一般の人びとに広く読んでいただけるものとなることを念じている。

二〇〇八年二月一〇日

早稲田社会学ブックレット編集委員会

長田攻一（おさだこういち）

一九四三年茨城生まれ。現職：早稲田大学文学学術院教授

早稲田大学第一政治経済学部新聞学科卒業、同大学大学院文学研究科博士課程単位取得

専攻：社会学、メディア論、余暇論、巡礼の社会学、時間の社会学など

主な著書

『道空間のポリフォニー』（共著）音羽書房鶴見書店、二〇〇七

『現代の四国遍路―道の社会学の視点から―』（共著）学文社、二〇〇三

『現代に生きる四国遍路道』（早稲田大学文学部制作CD-ROM、長田攻一・坂田正顕監修）日本図書センター、一九九八

『社会学的世界の呈示』（共著）学文社、一九九〇など